LES
APHRODITES

OU

FRAGMENS
THALI-PRIAPIQUES.

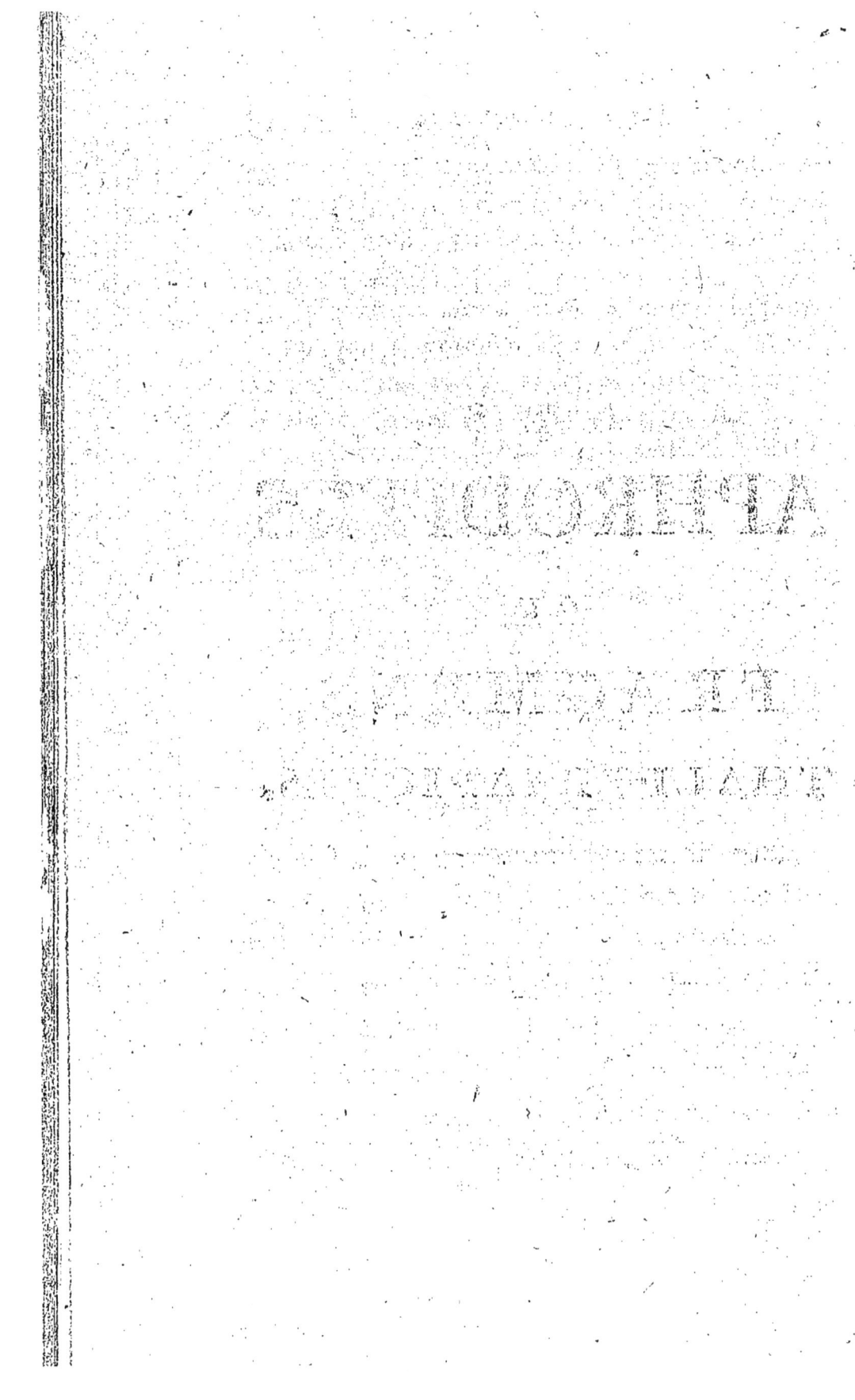

LES APHRODITES

OU

FRAGMENS THALI-PRIAPIQUES,

POUR

SERVIR A L'HISTOIRE DU PLAISIR.

... Priape, soutiens mon haleine...
PIRON, *Od.*

N°. IV.

A LAMPSAQUE.

1793.

FRAGMENS.

I. SEMER POUR RECUEILLIR. Page 1
II. LA PIECE CURIEUSE. 22
III. JEAN S'EN ALLA COMME IL ETAIT VENU. 44
IV. OU PEUT-ON ÊTRE MIEUX ! 69

LES APHRODITES.

SEMER POUR RECUEILLIR.

PREMIER FRAGMENT.

Relevé du Journal particulier de M. Vifard, historiographe des *Aphrodites*, du mercredi (a),.... Juin 1791.

„ Je n'ai pas l'honneur d'être *Aphrodite intime* (b), mais j'ai le grade d'*auxiliaire* qui me donne *mes entrées* : elles font limitées toutefois & ne s'étendent guères au-delà de certaines circonftances de quelque folemni-

---

(a.) Tout ce qui était *affaire, spéculation, comptes, commerce, pari,* par conféquent, fe faifait, chez les Aphrodites, le mercredi, à caufe de Mercure qui gouverne ce jour de la femaine.

(b) La différence qu'il y a, chez les Aphrodites, entre les *Intimes* & les *Auxiliaires*, eft à peu-près la même que, chez les Francs-Maçons, entre les *Maîtres* & les *Servants*.

té. Assez souvent je ne suis pas seulement *assistant-libre*, mais bien *commandé*, parce qu'il convient que je sois instruit par mes yeux, devant consigner dans les régistres de l'ordre, chaque fait avec tous ses détails d'une parfaite vérité. Or, j'étais ainsi de *service* à l'occasion de cette gageure (entre le Prince & le Comte) dont il est fait mention dans le précédent Numéro. „

„ Afin que je pusse mieux remplir mon objet, on me confina dans une petite loge tête-à-tête avec M. du Bossage, architecte, intendant des bâtimens & des machines de l'hospice. Il avait à la main le plan du local, & nous étions postés une heure avant le moment de la scène. M. du Bossage, amoureux de ses conceptions, comme de raison (mais par malheur déraisonnablement babillard) me fit essuyer un récit fatigant *des proportions de ceci, de cela* en un mot, mille *détails techniques*, qui me faisaient bâiller jusqu'aux oreilles, & qui ne manqueraient pas d'en faire faire autant au Lecteur. Il peut suffire à celui-ci de savoir que (*a*), du point où

―――――――――――

(*a*) C'est à regret que nous allons excéder peut-être le Lecteur de détails descriptifs; mais, sans eux, il lui serait impossible de se représenter fidèlement la scène archi-priapique que nous entreprenons d'esquisser. L'être peu sensible aux effets des *Arts*, j'étais, je découvrais (à la faveur de mille petites ouvertures irrégulières dont étaient criblés des cartons qui tenaient lieu de grille à notre loge) je découvrais, dis-je, une enceinte circulaire d'if mêlé de jasmin d'Espagne, percée de huit hautes arcades, entre chacune desquelles, au point milieu des trumeaux, était, sur son piédestal, une jolie statue de Génie-Enfant, alternativement de l'un

---

à ce résultat harmonieux qu'on nomme leur *magie*; cet être frivole qui ne lit nos feuilles que pour courir après quelques gaillardises de *fait* ou de *mots*, peut franchir ici tout ce qui menacera de l'ennuyer. D'autres Lecteurs aiment à se rendre compte de ce qui sollicite leur attention : il est bon que ceux-ci ne trouvent rien d'obscur dans une orgie compliquée, dont le seul piquant n'est assurément pas de mettre brutalement sept étalons à deux pieds aux prises avec sept insatiables Messalines. Nous devons des ménagemens aux personnes délicates qui, susceptibles d'indulgence pour toutes les folies que la séduction des circonstances peut justifier, s'effarouchent, avec raison, des *cochonneries* dont on peut les assaillir à brûle-pourpoint. — Nous rappellerons à tout le monde que les *Aphrodites* ou *Morosophes*, font profession d'être foux à leur manière; que, par conséquent, leur histoire est celle d'une *secte de foux*, mais ce ne sont pas des *Brutes*; il convient donc d'établir avec soin tout ce qui milite en leur faveur, & peut donner *un sens* à leur bisarre mais délicieux délire. (*Note du Censeur-réviseur des feuilles.*)

& de l'autre sexe. M. du Bossage m'étonna beaucoup, lorsqu'il m'apprit que je ne voyais que de la peinture & des enfans de bois, tant l'effet de l'if, du jasmin & de l'albâtre était frappant & naturel (*a*). Un baldaquin, en verre de monte, de taffetas du rose le plus tendre, à pentes-retroussées de gaze d'argent, couvrait cette riante enceinte. D'amples rideaux-roses partaient de la calotte, & venaient se perdre en fuyant derrière cette haie circulaire que M. du Bossage nommait les *parois* intérieurs du sallon d'if. Ce maudit homme me mit au désespoir en m'apprenant encore que le baldaquin & les rideaux cachaient à nos yeux une vilaine charpente qu'il me fit voir dans ses *coupes*, & à laquelle le tout était suspendu; que ces mêmes rideaux nous cachaient de plus de seize ouvertures, par lesquelles entrait de tous côtés (par les bords d'un *toit-obtus à l'angle du fronton.* (b)) une lumiere *plongeante* qui, criblée à travers le taffetas, procurait dans l'enceinte ce jour si égal, si animé, si harmonique dont j'étais ravi. Sans ces observations (malheureuse-

―――――――――――――

(*a*) M. Visard, fils & petit-fils d'Historiographes des Aphrodites, était en fonctions depuis très-peu de tems. (*Le Censeur.*)

(b) Je répete ici les paroles de l'architecte; puisse-t-on les entendre mieux que moi. (*L'historiographe.*)

ment néceffaires pour que je fuffe inftruit) j'aurais pu croire à un lieu enchanté tel que les Fées ont le talent d'en créer avec leurs baguettes. Il m'obligea de noter : 1°. que le diamètre de l'enceinte d'if, était de 30 pieds : la hauteur des parois (*il n'en démordait pas!*) de 15 pieds : & la hauteur, à partir du point central du *fol* jufqu'à celui de la calotte, de 25. — 2°. Que, dans notre loge, nous n'étions élevés que de huit pieds ; les arcades étaient à la vérité percées à la hauteur de neuf, mais des draperies du même taffetas que le baldaquin, & qui décoraient pittorefquement les *cintres*, diffimulaient *le furbaiffement* du fecond *plan* (a). On faura plus tard quelle était la deftination des efpaces inférieurs, profonds de fix pieds, où l'on communiquait par fept des arcades, la huitième étant réfervée pour former l'entrée principale : au-deffus de ces efpaces inférieurs tournait un cercle de loges, pareilles à celle où nous étions, & deffervies par un corridor de deux pieds & demi. „

„ Tout le long de la haie d'if regnait un trottoir de 5 pieds, recouvert d'un drap jaunâtre

---

(a) Il faut avouer que ce M. du Boffage eft un cruel homme avec fes mefures & fes termes de l'art ! (*Note du Lecteur.*)

tirant fur le gris, qui faifait merveilleufement l'effet du fable. Au milieu de l'enceinte s'élevait, à la hauteur de 18 pouces, une *plateforme* de dix pieds de diamètre, des bords de laquelle s'inclinait, jufqu'au trottoir, un *talut rampant* de verdure auffi bien imitée que tout le refte. Au centre de la *plate-forme* était un petit autel antique, rond, d'excellent ftyle & qui, d'où nous étions, paraiffait être de marbre *violacé*, décoré de têtes de bélier dorées qui fervaient d'agraffes à des guirlandes de fleurs. Mais, il me fallut bien fuppofer que tout cela n'était auffi qu'apparent, puifque M. du Boffage me prévint que le foir tout aurait changé de forme pour offrir un ordre d'architecture, un fol uni & des loges vifibles. — Cependant n'anticipons point. „

„ J'en ai dit affez pour que le Lecteur qui aura bien voulu y réfléchir un peu, fe foit fait une idée jufte du lieu de la fcène, & pour qu'aucune invraifemblance ne l'inquiétant, il puiffe donner toute fon attention à l'événement qu'ont pour objet tant de préparatifs. (*a*) „

„ Vingt minutes avant la repréfentation,

(*a*) Le même local, (fufceptible comme l'on voit d'être combiné de bien des manières) devant être

plusieurs garçons de salle apporterent & coucherent sur le talut de verdure (en face des sept arcades qui n'étaient point celle de l'entrée) des meubles tels que je n'en avais jamais vus, & qui n'étaient ni des *lits* ni des *sieges*. M. du Bossage, l'inventeur, me dit qu'il les avait nommés des *avantageuses*. „

„ Une *avantageuse* est une espece d'affut destiné à recevoir un groupe de deux joûteurs. — La Dame s'y présentant, comme à tout autre siege, doit se laisser aller en arrière, après avoir saisi de droite & de gauche deux *thores* bien garnis (représentant, par fantaisie, deux vigoureux braquemars.) Un coussin, ou demi-matelas assez épais, & plus ferme que mollet, revêtu de satin, la supporte alors depuis le haut de la tête jusqu'à trois doigts seulement de la naissance du sillon des fesses ; le reste *vagant* en l'air, jusqu'aux pieds qui s'engagent, à peu de distance, dans deux especes d'étriers, (fixes mais mollement rembourés) & déterminent ainsi les jambes & les cuisses à se ployer en forme d'équerre. On conçoit quelle aisance cette position ne peut manquer de donner à la Dame pour l'écart,

---

le théâtre de plus d'une des scénes dont parleront nos feuilles, la corvée du Lecteur est faite, il n'entendra plus parler, du moins quant à ce lieu-ci, de *hauteur, largeur, parois & diametre*.

& pour le jeu des hanches, qui dès-lors n'est contrarié par aucun frottement. *L'avantageuse* ne place pas moins adroitement le Cavalier : tandis qu'une traverse assez large & douillette est sous ses genoux, ses pieds se trouvent appuyés par un troussequin. S'inclinant dans cette posture, il se trouve parfaitement à portée du but de son exercice : il passe alors ses bras sous ceux de la Dame, & trouve, (à la boiserie du meuble, en dehors) deux appuis cylindriques pour ses mains. Sur ce pied, la Dame & le Cavalier sont maîtres de ne se toucher, s'ils le veulent, que par les points qui doivent les unir, & de s'engager plus ou moins, soit que le Cavalier, *s'amenant* des mains, monte, ou que la Dame, ployant un peu les genoux, descende contre lui. Je compris parfaitement que ces dispositions obviaient à tous les inconvéniens des enlacemens des bras qui échauffent, qui gênent la respiration ; à l'embarras des jambes & des cuisses qui, lorsque la Dame se croise sur les reins du Cavalier, rendent plus lent & moins facile le procédé *frictif*. (a) Il en est sans doute de ce qui allait se

___

(a) Pourquoi pas *frictif* de *friction* : comme *accusatif* d'*accusation* ; *justificatif* de *justification*, *fictif* de *fiction*, &c. ?

passer dans un moment sur ces *avantageuses*, comme de ce qui a lieu aux courses de chevaux, où l'art s'épuise à calculer les moindres avantages. On sait bien que, lorsque rien ne commande, il est infiniment doux de tenir dans un lit sa belle amie étendue sous soi, (ou sur soi) d'avoir les bras passés autour d'un joli buste, d'être pressé contre deux divins tetons, où l'on peut *à gogo* fourrer aussi son nez ; de se sentir *amené* par une croix de deux jambes satinées &c. Mais ce n'est pas avec tout ce badinage paresseux qu'on tape en deux heures sept vigoureux coups sujets à la preuve. — Voici enfin le moment de savoir si nos sept couples les fourniront. (*a*) »

On entend d'un peu loin des instrumens à vent, exécutant la marche des *Mariages Samnites* de Gretry. — Cette musique s'approche : Zoé parait à la tête de huit Nègres qui sont les musiciens. Zoé, agitant un gros tambour de basque, marque le pas & la mesure avec autant de grace que de précision. Elle est nue ; sauf une draperie de taffetas ponceau pittoresquement jettée autour des hanches, & qui finit à trois doigts du genou.

(*a*) Fin de l'Extrait.

Cette écharpe forme à gauche un nœud bouffant dont les deux bouts font garnis d'une haute dentelle d'argent. Zoé n'a, de plus, que des brodequins d'*entrelas* de ruban blanc & argent, des braffelets, à la hauteur du teton, & un collier du même ruban, avec une toque bouillonnée de gaze d'argent & une touffe élevée de plumes couleurs de feu. Les muficiens font coftumés à peu-près de même, excepté qu'au lieu d'écharpes ils ont aux hanches un tour fort ample & infiniment pliffé d'écarlate bordée de franges d'argent : cette *cotille* defcend jufqu'aux genoux. Les brodequins font d'*entrelas* d'*écarlate* : les agraffes des brodequins, les braffelets, le collier font d'argent ; la toque eft de batifte à calotte rouge : les plumes font mêlées de blanc, de noir & de couleur de feu.

La mufique eft fuivie de Belamour, auffi nud. (*a*) Son écharpe, abfolument femblable

---

(*a*) Il n'a été que nommé ; mais comme il prend maintenant un rôle actif, fon fignalement devient néceffaire. — BELAMOUR acheve fa feizieme année. Quand la Marquife l'a traité de *brunet*, elle n'a voulu parler que des cheveux & des fourcils, qui font d'un noir d'ébène ; mais il a la peau d'une blancheur éblouiffante. — Grands yeux bruns : joli front, nez carré ; bouche riante : dents blanches & courtes, des foffettes au menton & aux joues : les plus vives cou-

à celle de Zoé, eſt lilas; ſes brodequins, ſes
braſſelets & ſon collier, verd-pomme & argent, ainſi que le ruban qui, tournant autour de ſon front comme un bandeau d'a-
mour, fait derrière la tête un nœud auquel
a l'air de ſe ſoutenir la groſſe natte de ſes
longs cheveux. Belamour porte au bras un
panier rempli de feuilles de vignes. — Derrière lui marchent ſept couples de jeunes garçons & de jeunes filles ajuſtés de même, mais
avec plus de ſimplicité & ſans variété dans les
couleurs. Le premier couple d'enfans eſt
blanc: ce ſont Fanfan & Chouchou. (*a*) —

---

leurs. — Taille qui promet beaucoup, enſemble charmant: petit pied (tant de perfection n'a rien d'étonnant
quand on ſait qu'il eſt le fruit du caprice d'une jeune
Demoiſelle, amateur de peinture, pour un de ſes
modeles.) Belamour eſt cependant menacé d'avoir un
jour quelque choſe de monſtrueux, puiſque, ſi jeune, il eſt déjà porteur d'un gros Boutejoye, long de
cinq pouces 10 lignes. Mad. Durut ignorait parfaitement cette difformité, lorſque, Loulou chaſſé, Belamour ambitieux, & qui convoitait la ſurvivance,
vint décliner ſa prétention & ſon titre. Mais Mad.
Durut, qui penſe bien, n'y eût point égard, trouvant
le trait ingrat envers Céleſtine, quand celle-ci s'eſt
donnée tant de peine pour l'éducation de ce blanc-
bec.

(*a*) Le beau ſexe eſt nommé le premier comme de
raiſon. — Le plus âgé des garçons n'a pas 16 ans:

Le second, bleu de ciel : Bijou & Raton. —
Le troisieme, verd de pré : Fauvette & Minet. — Le quatrieme, ponceau : Lolotte & Lutin. — Le cinquieme, rose : Mouche & Mouton. — Le sixieme, violet : Mimi & Toutou. — Le septieme, orange : Folette & l'Etoile.

A trois pas de distance de cette jeunesse, marchent les acteurs du pari ; ceux-ci sont vêtus ; les Dames ont, par-dessus un simple jupon de taffetas blanc, une casaque de fantaisie, imitant la forme grecque, mais parfaitement bien à la taille, & descendant jusqu'au genou. Cette casaque, rayée de blanc & de la couleur du numéro, a les manches tranchées à la hauteur du teton, & ne croisant tout-à-fait, qu'au-dessous de la gorge, elle en laisse voir parfaitement la séparation avec plus de moitié de chacun de ses hémisphères. L'écharpe & le ruban, (seul ornement de la tête, dont les cheveux n'ont point de poudre) sont en plein de la couleur qu'exige le numéro. Les Cavaliers en pantoufles de maroquin fort découvertes, en pantalons blancs, en gilets rayés d'étoffe pareille aux casaques des Da-

---

le plus jeune en a 14. La plus âgée des filles touche à 13 ; la plus jeune en a 11. — On ne donne point ici le signalement de tous ces petits êtres, de peur d'ajouter à l'ennui de tant de détails.

mes, le col nud, les cheveux fans poudre & relevés, ont auffi des écharpes de la couleur pleine de leur numéro. Chaque Cavalier eft à gauche & marche, fon bras paffé derriere les reins de fa Dame ; celle-ci a la main gauche fur l'épaule droite de fon Cavalier, comme lorfqu'on fe difpofe à valfer. — Voici l'ordre & les couleurs de ce cadrille (*a*). Premier couple, blanc : la Comteffe de Troubouillant (*b*) ; le Chevalier de Limefort (*c*).

(*a*) Nous pouvons d'autant moins nous difpenfer ici de dire un mot à propos de chacun de ces perfonnages, qu'ils reparaitront de tems en tems dans le cours de cette précieufe hiftoire.

(*b*) LA COMTESSE DE TROUBOUILLANT. 23 ans. Brune colorée : nez en l'air, œil brûlant, fourcil impérieux, bouche un peu grande, mais étonnamment fraiche, agréable & fpirituelle. Formes rondes, dodues & fermes. Beaucoup de *tetons* & de *cil*. Le pied, la main charmants. Une forêt de cheveux noirs & crépus : jugez du refte.

(*c*.) LE CHEVALIER DE LIMEFORT. 31 ans. Beau, grand, mufculeux, *pectoré* Chevalier de Malthe. Traits romains, port noble, jambe à étudier pour un artifte. Limefort met peu du fien dans les fociétés où l'on fe pique de fine galanterie ou de bel efprit, mais il eft fi parfaitement *l'homme qu'il faut* au boudoir, qu'on lui pardonne, ou plutôt qu'on lui fait gré de n'être bon à rien hors de là. Il ne faut pas le confondre avec des parens du même nom plus aimables, mais qui n'approchent pas à beaucoup près de fon mérite. — 8 pouces 10 l. (*entende qui pourra*.)

— Second couple, bleu de ciel: la Vidame de Cognefort (*a*); le Chevalier de Bout'-avant (*b*). — Troisieme couple, verd de pré: la Marquise de Band'à-moi (*c*); le Mar-

---

(*a*) LA VIDAME DE COGNEFORT. 21 ans. Beauté du diable: ni brune, ni blonde; ni jolie, ni laide; ni grande, ni petite. Yeux *pers*. Belles dents. Graffayement qui donne à cette femme l'air de niaiserie le plus trompeur: luxure d'enfer. Talent de l'Opéra: santé tuante. On la connait chez les *Aphrodites* fous le furnom de Madame *Encore*. Elle est au surplus si bonne jouiffance que fes amants n'en ont jamais affez.

(*b*) LE CHEVALIER DE BOUT'AVANT. 24 ans. Grand flandrin, bien tourné, que le hafard de fon heureufe conformation a mis à la mode. Cet homme est un *fans-fouci* qu'on épaule à fon infçu, & dont les femmes veulent faire tôt ou tard un perfonnage. A fon régiment, (qu'il a quitté, ne voulant pas jurer) on le nommait *Gimblette* ou *Croquignole*, parce qu'il ne marchait jamais fans une provifion de ces fragiles anneaux, faits à fa mefure. Il est plaifant de lui entendre conter comment pas une des femmes qui ont exigé par fois qu'il s'en mît cinq à fix, n'a fini fans les avoir toutes caffées, fut-ce fans y mettre le doigt. C'est ainfi que, dans le genre du Chevalier, les monstres font toujours à ces Dames plus de peur que de mal. — 10 pouces 11 lignes! (*tout autant*) — fur 6 pouces 2 lignes.

(*c*) LA MARQUISE DE BAND'A MOI: — Superbe femme: fœur cadette d'un an de la Duchesse de l'Enginière, & lui reffemblant fi parfaitement

APHRODITES.

quis de Bellemontre. (*a*) — Quatrieme couple, ponceau ; la Duchesse de Confriand. (*b*)

---

qu'on les prend souvent l'une pour l'autre. Mais la Marquise a moins de caprices, & se met plus volontiers en frais d'amabilité. Il est vrai qu'elle vit depuis bien peu de tems dans le tourbillon où se gâtent les femmes. Elle avait suivi bourgeoisement son époux à une Cour étrangere où il était Envoyé. Ce galant homme est mort du chagrin de l'atteinte qu'*un nouvel ordre de choses* portait à la considération dont jouissait ci devant le Corps-diplomatique. La veuve se console comme elle peut dans le sein des *Aphrodites*, le seul asyle qu'il y ait peut-être encore en France pour le bonheur.

(*a*) LE MARQUIS DE BELLEMONTRE. 27 ans. L'un des plus aimables débauchés de Paris. Haute stature : physionomie douce, spirituelle & gaie. Teint de jolie femme : tournure d'Apollon. Cheveux d'un agréable chatain-clair : de l'enjouement, de la galanterie, du faste & tout ce qui s'ensuit, comme l'inconduite, les dettes &c. Mais le Marquis *tient à tout*, ce qui, par malheur, est aujourd'hui ne tenir à rien. — 8 pouces 4 lignes. — Quelques Dames Aphrodites ont eu la cruauté de lui reprocher que son beau nom n'est pas assez dignement soutenu: mais, dans un monde ordinaire, cette idée n'est venue à l'esprit de personne.

(*b*) LA DUCHESSE DE CONFRIAND. 19 ans. — Jolie petite poupée, blonde, mais ayant tout l'aimant, toute la vivacité d'une brune. Le Duc, son époux (qui, sur ses vieux jours avait pris, par air, un *s* entre les deux syllabes de son nom) avait épousé cette enfant de la Robe par une passion folle.

Le Marquis de Fout'en-cour. (*a*) — Cinquieme couple, rose; la Vicomtesse de Pillengins. (*b*) Le Baron de Mâlejeu. (*c*) —

Elle n'a duré que six mois, attendu qu'il en est mort. La prévoyante Duchesse avait, même du vivant du cher Duc, essayé de plusieurs de nos *aimables*, espérant d'en trouver enfin un qui fût digne de succéder au moribond; mais rien n'ayant pu la fixer, elle a pris le parti d'épouser l'*Ordre des Aphrodites*, &, telle qu'Alexandre, elle y fait voir que dans un petit corps la nature s'amuse par fois à renfermer un grand courage.

(*a*) LE MARQUIS DE FOUT'EN-COUR. 30 ans. Né pour être aimable, le vent de la cour verreuse l'a gâté. C'est maintenant un Comte de Tufière, aussi vain, aussi mal partagé du côté de la fortune: on ne sait ce que peut devenir un homme aussi *démonté* par les orages *du tems qui court*. Il lui reste de l'impudence, une belle figure, & 9 pouces 2 lignes.

(*b*) LA VICOMTESSE DE PILLENGINS. 27 ans. Brune, aussi grande qu'il est possible de l'être sans ridicule; marche & maintien d'un Cavalier doué de graces. Goût, (rare chez les femmes) pour les plus violens exercices de corps. Il faut la voir de bien près pour reconnaître qu'elle a mille beautés féminines qui n'empêchent cependant pas nombre d'amateurs de se *méprendre* avec elle, tant elle fleure *le beau garçon*. La Vicomtesse traite la *douce affaire* comme la chasse & l'équitation; elle y est infatigable. Son allure lui a fait donner chez les *Aphrodites* le sobriquet de *l'escarpolette*, à cause des grands balancements qu'elle fait éprouver à ceux qui ont l'honneur de la servir.

(*c*) LE BARON DE MALEJEU. 23 ans. Le pre-

Sixieme couple, violet ; Milady Beau-Déduit. (*a*) Le Vicomte de Durengin. (*b*) — Sep-

mier homme peut-être qui ait imaginé d'avoir un *album amicarum*. (Dans certains pays on nomme *album amicorum* un livre à feuillets blancs où l'on recueille des témoignages d'amitié, offerts ou accordés par les amis & les connaiſſances. C'eſt ordinairement une ſentence, une ſtrophe, ou un emblême deſſiné ; avec la ſignature des gens. Le Baron a eu l'adreſſe de ſe faire donner de ces ſortes de certificats par une infinité de femmes, dont pluſieurs ſont très en crédit dans le *genre* dont les *Aphrodites* font eſtime. A la vue de 114 noms révérés, (qui tous atteſtent que le Baron ne parle que par huit... neuf... dix...) il a été reçu *Aphrodite* (comme je l'ai dit ailleurs) *par acclamation*. (Voyez Numéro 3 p. 78) Ces proueſſes ſont le paſſeport d'une figure aſſez ordinaire, dont neuf pouces huit lignes ſont le ſeul trait qui mérite un détail.

(*a*) MILADI BEAU-DÉDUIT. 24 ans. On a déjà parlé d'elle, Numéro 3 p. 76. Mais on doit y ajouter que jamais femme ne mérita mieux qu'on lui appliquât ce vers de la Pucelle „ *Et ſur ſon rang ſon eſprit s'eſt monté.* „ Miladi, réguliérement belle, eſt de plus très jolie : ſa peau eſt d'une fineſſe délectable. Elle a tout le maintien, la grace, & quand elle veut, les tons & les caprices d'une Dame de Cour.

(*b*) LE VICOMTE DE DURENGIN. 22 ans. Ayant reçu une éducation aſſez auſtere, & deſtiné à l'état eccléſiaſtique, à 20 ans il ignorait encore à quel objet pouvait être employée certaine partie de lui-même, dont il n'était qu'incommodé, & avec laquelle ſes ſupérieurs (mis dans le ſecret) avaient ter-

tieme couple, orange; la Baronne de Vaquifout, (*a*) le Chevalier de Pine-Fiè-

---

riblement brouillé fa confcience. Mais Lucifer, fous
la forme d'une blanchiffeufe de rabats, vint enfin
éclairer un beau jour le brûlant féminarifte. Dès lors
celui-ci crut avoir deviné les véritables vues que la nature avait fur lui, il quitta donc brufquement le petit collet & fe jetta dans le tourbillon avec toute la
fureur à laquelle les gens paffionnés font fujets. Au
bout de deux ans, on n'apperçoit chez Durengin
prefque plus aucune trace du théologien ni du caf-
fard. *Aphrodite* depuis trois mois, les régiftres
font foi qu'il a fait, lui feul, la befogne de quatre
freres. Cet homme eft mieux que mal, frais, affez
étoffé fans graiffe, toujours riant, bon buveur, &
conftamment en arrêt, quoiqu'il en porte un de neuf
pouces cinq lignes.

(*a*) LA BARONNE DE VAQUIFOUT. — On or-
thohraphie ici ce nom (pour la commodité du Lecteur) comme on fait qu'il doit être prononcé. — La
Baronne eft une fuperbe Allemande qui, n'en dé-
plaife aux fix autres Dames, a plus de charmes
qu'aucune d'elles, mais il lui manque leur pétillante
vivacité. Cette femme eft un modele dans le goût de
ceux dont Rubens aimait à occuper fes pinceaux.
On ne vit jamais une plus belle tête. Des cheveux
d'une rare longueur & épais à proportion, feraient
plus admirés en France, fi l'on n'y avait pas en général une fotte prévention contre le blond un peu
vif. Celui de la Baronne eft juftement à la derniere
teinte poffible avant le roux. Comme jouiffance, la
Baronne eft d'abord alarmante par fa diftraite inac-
tion; mais bientôt on eft agréablement raffuré, lorf-

re. (*a*) A leur suite marchent dans un déshabillé fort propre & sans prétention, Cé-

qu'on sent que son aimant intérieur supplée à tout, & que dans ses bras on se trouve plus souvent & plus longtems homme qu'avec nos *fauteuses-en-liberté*. On voudrait seulement qu'elle réformât la mauvaise habitude qu'elle a de fermer ses superbes yeux, dans les instans décisifs. C'est trop de privation pour ses amans. Quelques uns s'en sont effrayés, croyant qu'elle mourait tout de bon, mais les amis particuliers de la Baronne sont complettement tranquilles sur cet accident qui peut lui arriver, sans le moindre danger, quinze ou vingt fois par jour.

(*a*) LE CHEVALIER DE PINE-FIERE. 19 ans. — Mis au monde & dans le monde par la plus adorable petite maîtresse de Paris, le fripon lui a dérobé toutes ses graces; son esprit, son charme & son délicieux libertinage. Pine Fière est blond comme sa mère, mais il n'en est pas moins vif jusqu'à la pétulance, & ardent comme le feu. Une malheureuse aventure, à Malthe, l'ayant fait surnommer le Chevalier M... (I), il quitta la croix & se proposa de se marier. Mais lancé parmi les *Aphrodites*, chez qui sa mere tient un rang distingué, il renonça bientôt au projet de prendre aucune espèce de chaines. Il est tout simplement homme à bonnes fortunes en attendant de faire une fin; beau, joli, fait au tour, il faut que les yeux voyent absolument tout, pour être sûrs qu'il n'est point une femme : mais on ne doute plus quand il a montré 7 pouces 9 lignes.

(1) Ici était nommé un charmant acteur, peut-être injustement accusé de quelque chose dont tout le monde ne rit pas; nous avons supprimé son nom.

APHRODITES.

lestine & Fringante (*a*) (*son adjointe*) & enfin Madame Durut.

Ce cortege fait d'abord un tour entier. Lorsque les musiciens se retrouvent à portée de l'entrée principale, ils tournent à droite comme pour sortir, mais ils restent dans le passage & continuent de jouer. Les Pages & Demoiselles (*b*) poursuivent leur marche jus-

---

(*a*) FRINGANTE. Fille aussi magique dans le genre de la brune que Célestine dans celui de la blonde ; Fringante a 19 ans : elle a *figuré* quelque tems à l'opéra, mais elle s'est dégoûtée de ce tripot, parce qu'elle est sans intrigue & dominée par un vorace tempérament qui lui gâtait toutes ces affaires d'intérêt. Assez heureusement née pour ne priser dans l'*homme* que sa *virilité* ; inaccessible à ces petites répugnances qui ne font grace ni aux années, ni à la laideur ; ayant d'ailleurs dans les yeux on ne sait quel charme qui produit des miracles sur certains individus jusques-là condamnés à ne plus *se sentir renaître* ; cette étonnante créature a été une trouvaille pour Mad. Durut. Fringante n'a pas, à beaucoup près l'*intelligence* & le *lient* de Célestine, mais elle répare ce désavantage par un zele qui se conçoit à peine, & dont chaque jour Mad. Durut entend répéter l'éloge. Fringante, un peu moins en chair que Célestine, est aussi un peu plus grande. Ces dignes collègues s'aiment avec tendresse, & s'évertuent à l'envi pour la plus grande prospérité de l'établissement.

(*b*) Ici ces qualifications sont une plaisanterie : on désigne chez Mad. Durut cette *jeunesse domesti-*

qu'à ce que chaque couple (de même pour les champions) ait atteint l'*avantageuse* qu'indique son numéro, ce qui ramene Fanfan & Chouchou; Madame de Troubouillant & Limefort jusqu'à la derniere avantageuse outrepassée au premier tour: laissant à la suivante Bijou & Raton; Mad. de Cognefort & Bout'avant: à la troisieme, Fauvette & Minet; Mad. de Band-à-moi, & le Marquis de Bellemontre: à la quatrieme, Lolotte & Lutin; Mad. de Confriand & Fout-en-cour: à la cinquieme, Mouche & Mouton; Mad. de Pillengins & Mâlejeu: à la sixieme, Mimi & Toutou; Miladi Beaudéduit & Durengin: à la septieme enfin, Follette & l'Etoile; Madame de Vaquifout & Pine-Fière.

Tout le monde ainsi distribué, Mad. Durut, Célestine & Fringante montent vers l'autel par trois marches, dont est gradué le talut en face de l'entrée principale. Belamour leur apporte des tabourets: ensuite il se retire & vient dans le trottoir; son service dans cette occasion, étant de veiller à ce que toute la petite jeunesse ne manque à rien de ce qui lui est prescrit.

---

que par le nom de *Camilles*. — Les garçons sont *Camillions*; les filles *Camillionnes*. Les gens instruits savent que ces dénominations ne sont pas de pure fantaisie.

LA PIECE CURIEUSE.

SECOND FRAGMENT.

C'est dommage sans doute de distraire un moment le lecteur à qui l'on n'a déjà que trop fait attendre le spectacle du tournoi dont on vient de lui faire connaître la lice & les tenants. Mais il est indispensable de mettre à sa vraie place une scène épisodique trop intimément liée à l'action principale & à la circonstance du moment pour qu'on puisse franchir ou différer.

Ce local, cet appareil, la beauté des champions, le prestige du tout, produisait sur le Comte-parieur (placé avec son adversaire dans une des loges masquées) l'effet le plus délicieux, & déjà cet ambulant si difficile à distraire de sa profonde mélancolie, bénissait son bon génie de l'avoir conduit dans le sanctuaire des *Aphrodites*.... Soudain! quel contraste! quel revers! la loge des parieurs était la premiere à droite au-dessus de l'entrée principale; celle par conséquent où se déployait le plus avantageusement aux yeux du Comte la rare beauté du cortège : à chaque couple son admiration croissait... mais quand le dernier met enfin le pied dans l'enceinte....

LE COMTE, *dit avec trouble.*
Oh ciel ! que vois-je !

LE PRINCE.
Qu'avez-vous donc ?

LE COMTE.
Rien, mon Prince.... Ce n'est rien... Ce ne sera rien.

LE PRINCE.
Impossible !... vous pâlissez ! vous trouvez-vous mal ?...

Cependant la marche continue : l'objet dont on est frappé, s'éloignant & tournant le dos, le Comte, qui s'efforce, paraît un peu plus calme. Mais lorsque, le tour s'achevant, on revient de son côté & qu'une figure dont le profil & l'ensemble lui ont causé tant d'agitation, s'avance & présente la face, le saisissement du malheureux étranger redouble....

LE COMTE, *à lui-même.*
Funeste imagination !... Si cette femme (*la Baronne de Vaquifout*) n'était pas aussi grande... je jurerais... mais ce ne peut être elle...

pourtant !... (*elle est plus près*) Oh c'est elle !... c'est bien elle... Si mes yeux pouvaient la méconnaître, mon cœur... ce cœur déchiré ne me confirmerait que trop ce dont ils voudraient douter...

LE PRINCE.

Il n'est pas très poli, cher Comte, de vous faire observer que vous extravaguez... A qui en avez-vous donc ?

LE COMTE.

Eulalie, Prince... (*il paraît absorbé.*)

LE PRINCE.

Mais paix donc. Savez-vous que, sans la musique, on vous aurait entendu ! Nous sommes ici, nous devons du moins y être dans le plus grand *incognitò*.

LE COMTE, *du même ton.*

Eulalie... où, & dans quelle circonstance le sort la rend-il à mes vœux !

LE PRINCE.

Sortons plutôt...

LE COMTE, *éperdu.*

Non, je demeure... & j'en mourrai.

C'est dans ce moment que les couples de champions s'étant arrêtés devant leurs *avantageuses* respectives, chaque Page se hâte de mettre une Dame absolument à nud, & que chaque Demoiselle en fait autant à un Cavalier. On observera que, comme exprès, l'*avantageuſe* de la Baronne de Vaquifout était précifément la plus proche des yeux du Comte délirant. — Une pendule placée fur l'autel fonne : au premier coup les fept Venus font abattues fous les fept Mars. A l'inſtant chaque boutejoye s'eſt fièrement enfoncé. La foudre du plaifir gronde, c'eſt-à-dire les foupirs, les baifers, les accens ; mais à peine l'œil faifant fa ronde pourra-t-il donner un inſtant à chaque groupe, tant eſt prompt ce fougueux début... Le timbre de la pendule retentit encore que déjà la premiere couronne eſt enlevée. Les vainqueurs s'enfoncent auſſi-tôt dans les retraites au-deſſous des loges. Là, chaque Demoifelle va purifier un de ces Meſſieurs, après avoir préalablement remis, foit à Céleſtine, foit à Fringante, deux feuilles de vigne, entre lefquelles doit fe trouver la preuve recueillie de l'outrance de chaque proueſſe. Les Pages s'approchent pour aider les Dames à fe lever, & les conduifent de même, pour l'objet de la toilette, chacune dans la retraite qui lui eſt deſtinée... Tout cela s'eſt fait avant qu'un premier morceau de mufique vivace & court ne foit achevé.

Cependant tandis que le bonheur pleuvait dans ce temple du plaifir, un malheureux, (c'était le Comte) s'était évanoui, n'ayant pu foutenir le fupplice de voir fon

Eulalie se résignant, avec la sérénité d'une Déesse qui s'endort, aux transports de l'adorable Pine-Fière. Le Prince, à qui l'accident de son adversaire ne cause guères moins de frayeur que d'embarras, a pourtant la présence d'esprit d'écrire avec son crayon, *A nous, Durut?* sur une carte de visite qu'il lance dans l'arène, à travers l'une des visières de la loge. — Cette carte est ramassée. Durut sort: mais tous les acteurs sont dans ce moment occupés de se préparer pour leur seconde accolade, & l'éclipse de Durut ne changera rien à l'exécution des sept sacrifices projettés (*a*) Laissons Mad. Durut prendre connaissance du triste fait pour lequel on vient de l'appeller, & demeurons avec la bande heureuse.

A peine les combattans ont-ils disparu pendant trois minutes, qu'on voit les Dames

(*a*)	N°. 1. Mad. de Troubouillant.	N°. 2. Mad. de Cognefort.	N°. 3. Mad. de Band'amoi.
Premier....	Limefort.	Bout'avant.	Bellemontre.
Second.....	Pine-Fière.	Limefort.	Bout'avant.
Troisieme...	Durengin.	Pine-Fière.	Limefort.
Quatrieme...	Mâlejeu.	Durengin.	Pine-Fière.
Cinquieme...	Fout-en-cour.	Mâlejeu.	Durengin.
Sixieme....	Bellemontre.	Fout-en-cour.	Mâlejeu.
Septieme....	Bout'avant.	Bellemontre.	Fout-en-cour.

APHRODITES. 27

s'élancer sur leurs *avantageuses* avec une gaîté du plus heureux préfage pour les nouveaux champions qui doivent les y affaillir. C'eft l'angélique Pine-Fière qui va s'unir à l'impétueufe Troubouillant. — *Enfin donc on t'aura?* (lui dit-elle fe relevant un inftant pour lui donner un baifer & l'entrainant enfuite.) — Cependant Limefort traité précédemment par la Dame avec moins de diftinction, n'a pas l'air de fe formalifer de cette affectation de faveur, il paffe fort tranquillement dans les bras de Mad. de Cognefort qui, n'étant pas non plus une complimenteufe, s'eft déjà très effentiellement transfigée, quand fa voifine en eft encore à poliffonner avec l'enjoué Pine-Fière. — Le redoutable Bout-Avant fe préfentant à Mad. de Band-à-moi, lui en impofe d'abord un peu. ⸺ Voyons, dit-elle en lui fouriant, comment je m'en tirerai. ⸺ Elle n'a cependant pas la petite pruderie de

N°. 4.	N°. 5.	N°. 6.	N°. 7.
Mad. de Confriand.	Mad. de Pilengins.	Mad. de Beaudéduit.	Mad. de Wakifuth.
Fout-en-cour.	Mâlejeu.	Durengin.	Pine-Fière.
Bellemontre.	Fout-en-cour.	Mâlejeu.	Durengin.
Bout'avant.	Bellemontre.	Fout-en-cour.	Mâlejeu.
Limefort.	Bout'avant.	Bellemontre.	Fout-en-cour.
Pine-Fière.	Limefort.	Bout'avant.	Bellemontre.
Durengin.	Pine-Fière.	Limefort.	Bout'avant.
Mâlejeu.	Durengin.	Pine-Fière.	Limefort.

lui ordonner de se raccourcir au moyen des *croquignoles*. ⹀ Je ne l'aurais jamais cru, ajoute-t-elle, venant de vérifier que ce boutejoie effrayant, même chez les *Aphrodites*, a pu se loger tout entier. — Le Marquis de Bellemontre est aux pieds de la petite Duchesse. ⹀ *C'est du plus loin qu'on se souvienne, Marquis ?* (lui dit-elle avec une mine charmante) *Fais-moi le baiser...* (il obéit) *On doit bien cette petite amitié aux gens qui reviennent de voyage.* Le reconnaissant Marquis prend pour lui la leçon, & jette gaîment à son tour un baiser sur le bijou rosé de sa championne. A l'instant même il la traite encore mieux. — Fout-en-cour est en présence avec Mad. de Pillengins; elle s'est saisie du braquemart du plus loin qu'avec ses grands bras elle a pu l'atteindre, & se soulevant en arcade elle se l'est planté avec un emportement, bien aussi flatteur que de jolies phrases. — En même tems Mâlejeu tombe avec admiration dans les bras de Miladi Beaudéduit. ⹀ Ne vous pressez pas, lui dit elle après lui avoir laissé le soin de l'enfilade, je mourais d'envie de vous avoir... Laissez-moi le tems de vous *goûter* un peu. Nous n'arriverons pas pour cela plus tard que les autres au but. ⹀ Le tout en remuant si moëlleusement des hanches que c'était un grand plaisir de la voir. — Quant au Durengin, qui échéait à la belle Vaquifout, déjà complettement maître de fes charmes & s'agitant à mefure qu'on paraiffait moins s'occuper de lui, fon inquiétude était que peut-être la Dame, dont les fuperbes yeux étaient fermés, ne fût pas de qui elle faifait le bonheur : mais il fut bientôt raffuré quand avec un fourire & un fon de voix également obligeant, on lui dit : ,, Il ne m'en faut pas tant, cher Durengin ! Moins fort, tu me feras encore plus de plaifir : ,, ⚌ Alors il ralentit, & telle eft cette fuperlativement électrique Baronne, que ce couple eut des premiers fourni la feconde carriere ; il était au furplus impoffible d'obferver que perfonne y fût en retard. On procédait à la feconde purification générale quand la pendule frappa le quart de la premiere heure.

Le Lecteur voit déjà que chacune de ces Dames continuera de fe conduire avec chaque nouveau joûteur felon fon propre naturel & le dégré de goût que l'individu pourra lui faire prendre à la chofe ? — A la troifieme accolade, Durengin fut parfaitement accueilli par Mad. de Troubouillant. — Pine-Fière étonna Madame de Cognefort qui *n'ayant pas l'honneur de le connaître & ne* voyant qu'un blanc-bec, avait mis à fon début certain air de demi-intérêt, qu'un moins bon-enfant aurait pu prendre en mauvaise part. Mais comme bientôt il parut digne qu'on déployât avec lui tous ses talens, la chere Dame se mit à le travailler en maîtresse. — Quant à l'arrangement dont il s'agissait entre la petite Duchesse & Bout-avant, il y eut bien d'abord quelque difficulté. La Duchesse prétendit que le pari, comme affaire d'argent, ne l'intéressait pas assez pour qu'*elle se laissât estropier. Qu'ainsi elle ne pouvait affronter l'énorme outil de ce Monsieur*. La contestation fut assez vive pour que les Maréchales, Célestine & Fringante, fussent obligées de connaître du cas. Célestine emporta d'emblée les trois quarts de la peur de la Duchesse en lui rappellant que huit jours auparavant elle avait *subi* D. Ribaudin (*a*) *qui n'en a que deux lignes de moins que Monsieur*. Celui-ci acheve d'applanir l'obstacle, car il propose de ne se présenter qu'*avec telle quantité de ses croquignoles qu'il peut plaire à Madame d'ordonner*. Pouvait-on rien de plus raisonnable! les mesures étaient ainsi prises

---

(*a*) Un très-recommandable Ex-Abbé (de l'Ordre de Citeaux) à qui la révolution a tout fait perdre, excepté son terrible mérite avec lequel il se console où il peut des étranges malheurs arrivés à ces bons descendans de St Bernard.

contre les dangers de la longueur : la grosseur ? on n'en parla point. La Duchesse n'avait pas envie qu'on se moquât d'elle. Sur ce pied, Bout-avant garni de six croquignoles & bien prié *d'avoir des égards*, eut enfin la permission d'enfiler l'anneau ducal. Mais les croquignoles se trouvaient mal cuites. Du premier coup il s'en brisa trois dont les *servans* de ce couple vinrent diligemment écarter les bribes. *Cassez, cassez le reste*, leur dit vivement la Duchesse, tout cela n'est bon qu'à estropier. — D'ailleurs, Madame, dit Bout'avant avec un grand air de bonne foi, je vous jure de ne point abuser... — Puis-je m'y fier ? — Ma parole d'honneur. — Eh bien donc ?... & la petite diablesse de se trémousser alors comme une folle... Ils consomment... Mais quel est l'étonnement de la confiante Dame quand, voulant savoir de combien on lui avait fait grace, elle se trouve engagée avec son champion poil à poil ! ═ A la bonne heure, dit-elle gaîment, je me serais voulu du mal d'être moins heureuse que ces Dames pour qui, grace à Dieu, rien n'est trop fort. — Quand je vous le disais ! (lui jetta de son estrade l'épigrammatique Célestine... ═ Il n'était pas encore tout-à-fait la demie lorsque Limefort finit avec Mad. de Band-à-moi : la devise de cet homme étant : *che va piano va sano*, c'est lui que désormais on verra toujours être le dernier à la cher prife. Rien de remarquable ailleurs.

Quoi qu'il n'y ait pas de plus infaillible moyen pour ennuyer un Lecteur que de ne rien lui laiffer à deviner, on ne peut cependant fe difpenfer de dire ici que pendant tout le tems où les avantageufes font occupées, la mufique ne ceffe point de jouer. Pendant le premier acte, elle a exécuté, comme on fait, un air analogue à l'impétuofité d'une premiere charge. Pour le fecond acte, on a joué plus voluptueufement ; & dans le même genre, mais avec variété, pour le troifieme. — Il faut auffi fe tenir pour dit qu'à la fin de chaque accolade la vérification eft exactement pratiquée. Ce foin fera pris plus fcrupuleufement à mefure que la tache approchera de fa fin. Les feuilles de vigne qui doivent, après la cérémonie, *témoigner* aux yeux des parieurs, font rangées, par Céleftine & Fringante, fur des cartes, au numéro de chacun des champions. — Une remarque encore c'eft que les Cavaliers n'ayant pas, dans leur état de nudité, le ruban (*a*) diftinctif qui fignale les Dames, il y eft fuppléé par un braffelet que chacun de ces Meffieurs porte

―――――――――――――――――――

(*a*) On fe fouvient qu'ils l'ont à leurs cheveux ?

au bras gauche selon la couleur de son numéro.

Entre la troisieme & la quatrieme accolade on est sorti des retraites (garde-robes dans cette occasion.) Les Dames en *chemises*, ou *lévites*, & ceintes de leurs écharpes: les Cavaliers, en longue lévite de basin, avec une grosse cravate négligemment mise, dont les bordures sont de la couleur du numéro. — Dans cet équipage on se promene, on s'agace, on folâtre pendant un petit quart-d'heure. Mais Mad. de Troubouillant, cédant la premiere aux instances de Mâlejeu, dont c'est le tour & qui a pour elle un goût particulier, dès qu'on voit ce couple quitter ses vêtemens, tous les autres se hâtent d'imiter, & soudain toutes les *avantageuses* sont de nouveau foulées. C'est cette fois que (les Cavaliers étant moins incommodés d'une surabondance de desir) ces Dames sont plus savoureusement servies. On présume comment, puisque le goût s'en mêle, Mad. de Troubouillant doit s'y trouver bien de Mâlejeu. — Durengin y jette Mad. de Cognefort dans un véritable délire. — Mad. de Band-à-moi y jure à Pine-Fiere qu'*il gagne infiniment à être connu.* — Limefort y mitonne à la petite Duchesse une vraie jouissance de None.. — Il faut à Bout-avant toute la solidité de son *moyen d'agencement* pour

4. C

m'être pas désarçonné par les haut-le-corps variés de Mad. de Pillengins. — L'assaut régulier de Bellemontre avec Miladi, ressemble à celui de deux habiles maîtres d'armes qui s'amusent *à la parade du contre*. — Fout-en-cour qui connait le genre & les moyens de la magnétique Baronne se laisse *couver* à travers un presqu'imperceptible *limage*.

En quatre minutes, pendant lesquelles la musique exécutait une *pastorale*, dont le motif n'a rien de fade, toute cette besogne s'est achevée; il n'est pourtant encore que deux minutes au-delà des trois quarts.

———

Cependant Mad. Durut était absente sans l'être. Montée à la loge des parieurs &, ayant fait, aidée du Prince, ce qu'il fallait pour ressusciter le malheureux adorateur de Mad. de Vaquifout, elle était restée avec ces Messieurs dans leur loge, d'où, par une étrange folie, l'offensé Comte n'avait pu se résoudre à sortir. En vain chaque fois que la Baronne changeait de joûteur, le jaloux faisait-il la grimace d'un homme à qui l'on tourne un poignard dans le sein, il restait se lamentant, *s'exclamant* à faire enfin mourir de rire deux témoins qui ne pouvaient plus estimer sa passion, ni plaindre son infortune. Il avait écrit au crayon un mot qu'il espérait de faire re-

mettre, même avant la fin de cette cruci-
fiante séance. Mais, *avait dit.*

MAD. DURUT.

Vous voyez bien, M. le Comte, qu'il y aurait de l'extravagance à troubler une fête qui va le mieux du monde.

LE COMTE.

Mais j'abandonne mon pari : j'ai perdu.

MAD. DURUT.

Vous avez affaire à des gens trop délicats pour qu'ils consentissent à s'approprier une somme cédée. D'ailleurs que sait-on ? Peut-être (*Elle souriait au Prince à part*) peut-être ne rempliront-ils pas les conditions de la gageure, & vous gagneriez ; ce serait toujours une petite consolation...

LE COMTE.

Eh ! que mes mille louis aillent à tous les diables.... Tenez !... (*c'était dans ce moment que Fout-en-cour obombrait la Baronne*) Voyez... avec quel calme ces monstres me disfilent l'outrage....

LE PRINCE.

Mais quelle fureur aussi de demeurer cloué sur l'objet qui vous assassine.

LE COMTE.

Je n'y tiens plus. (*il avait envie de rouler son billet & de le jetter dans la salle comme avait fait le prince pour avertir Mad. Durut.*)

MAD. DURUT, *l'arrêtant.*

N'en faites rien. L'avis que vous donneriez ainsi de votre préfence ferait abfolument inutile. Je connais Mad. la Baronne. Elle faurait très mauvais gré à qui que ce fût de l'avoir dérangée, & d'un : enfuite que favez-vous fi, ne devant pas être peu prévenue en votre faveur, l'humeur que vous lui donneriez en ce moment, ne gâterait pas abfolument vos affaires, au lieu qu'en vous y prenant bien, il y aura peut-être encore du remede.

LE PRINCE.

Ma foi, Comte, vous avouerez que Durut parle comme un oracle... Voyez tout, & fi, à la fin, vous n'êtes pas défenchanté, libre à vous alors de rifquer une reconnaiffance...

Le Comte ne répondit rien à ce perfifflage. Comme il ne paraiffait plus menacé de faire *la carpe* fur nouveaux frais, la Préfidente Durut defcendit & reparut dans l'enceinte : c'était pendant l'entr'acte de la quatrieme à la cinquieme accolade.

Le cinquieme accouplement mit Fout-en-cour aux prifes avec Mad. de Troubouillant qui ne le *couva* pas comme avait fait la Baronne. — Mâlejeu paſſait à Madame de Cognefort. Il réſulta de l'analogie de leur *maniere* une ſorte de tempête qui détourna ſur eux l'attention d'une partie des ſpectateurs. (On ſaura en tems & lieu qu'il y en avait plus qu'on ne s'en doute.) — Durengin réveilla Mad. de Band-à-moi qui s'était un peu trop attendrie avec Pine-Fière. — Celui-ci fit un joli petit coup raffiné avec la Ducheſſe, folle de ces figures qu'on nomme des *miroirs à...* Elle ſe voyait dans les beaux yeux de l'Adonis. — Mad. de Pillengins pouſſa Limefort au-delà des bornes de ſa trop régulière méthode. — Miladi fit briller tout ſon *ſavoir-faire* à l'occaſion du recommandable Bout-à-avant qui ſe piquait d'émulation à ſon tour, cette belle lui ayant dit fort obligeamment *qu'il lui touchait le cœur.* — La Baronne de Vaquifout remercia Bellemontre, après l'affaire, par un baiſer qu'elle n'avait accordé ſi tard à perſonne. Après avoir été fort attentive à la *vérification*, elle voulut bien encore poſer avec beaucoup de tendreſſe ſes levres de roſes ſur le muſeau du boutejoye fortuné. — Dans ce moment il n'était que ſept heures ſix minutes.

Pendant qu'on ſe purifiait, Mad. Durut donna ſes ordres à la muſique pour que le sixieme morceau fût émouſtillant, & le ſeptieme tout ce qu'il y aurait de plus vif. --- Enfin dès que les *ſervans* des deux ſexes furent libres, elle leur fit porter à la ronde des taſſes d'un bouillon confortatif pour les Cavaliers ; des glaces & d'autres rafraîchiſſemens pour les Dames ; des pâtes & confitures, des fruits échauffans, des diabolini, des bonbons & paſtilles à l'ambre. L'heureux cadrille était bien éloigné d'avoir l'air de remplir une tâche. La gaîté la plus folle prouvait à quel point chacun était sûr de ſoi. Loin que les entr'actes fuſſent prolongés, on avait peine à leur donner une durée raiſonnable. Chaque Chevalier attaché de bonne heure à ſa nouvelle Dame, preſſait, lutinait & la forçait enfin à combler un importun deſir...

C'eſt ainſi que le quart frappant toutes ces Dames, comme ſi l'on avait donné le ſignal, furent couchées : Mad. de Troubouillant, ſous Bellemontre : Mad. de Cognefort, ſous Fout-en-cour : Mad. de Band'amoi, ſous Mâlejeu : Mad. de Confriand, ſous Durengin : Mad. de Pillengins, ſous Pine-Fière : Mad. de Beaudéduit, ſous Limefort : & Mad. de Vaquifout, ſous l'illuſtre Bout'avant, qui pour le coup (on en prit note pour le conſigner enſuite dans les régiſtres) qui, diſonsnous, fit ouvrir deux fois les yeux à cette

APHRODITES. 39

belle, & lâcher au dernier moment un (*a*) *foutre!* dont tout l'espace retentit (*b*). Le pauvre Comte en faillit tomber de sa chaise, & fut plus de six minutes en convulsions. Il était alors sept heures vingt-deux minutes.

Sans doute, cher Lecteur, vous entrevoyez d'ici que nos sept aimables couples ont *ville-gagnée*, se trouvant 38 minutes devant eux, & n'ayant plus qu'une poste à courir. Mad. Durut était au comble de la joie, voyant que pas une preuve n'était équivoque, & que

---

(*a*) *Honni soit qui mal y pense.* Nous citons.

(*b*) On n'a pas parlé de ces sortes d'exclamations de la part des autres personnages, mais c'est que *cela va sans dire*. Le trait n'est singulier que vu l'individu cité, dont par nature, l'excessive sensibilité était jusques-là demeurée concentrée dans l'intérieur. Que le poëte charlatan, ne manque pas de bigarrer ses récits de *batailles*, des cris de la fureur, des douloureux accens de la mort, du hennissement des chevaux, de la fière *sonnerie* des trompettes, du *tonnerre* de l'artillerie &c., ce bavard fait son métier. Le devoir de l'historien est de se borner au simple fait, sans courir après la ressource des insidieux ornemens. Mais aussi, doit-il ne pas négliger, quelque minutieux qu'elle puisse paraître, une circonstance *de caractere*; en un mot, il doit parler de tout ce qui, faisant événement, (comme ici) donne, dans ses fastes, plus de force aux couleurs de la vérité. (*Note du Censeur.*)

tous les champions faisaient, dieu merci, la plus belle contenance imaginable. Prudente cependant, elle voulut, à tout hasard, s'assurer encore mieux de son monde &, sans affectation demander à ces Messieurs s'ils n'auraient pas besoin de quelque propice auxiliaire ? — Le premier qu'elle aborda, était l'inamollissable Durengin qui, pour toute réponse, entr'ouvrit sa lévite. Elle passa, conservant d'autant moins de crainte à propos de celui-ci qu'il avait sous le bras sa future, Mad. de Pillengins, femme à tirer de l'huile d'un caillou. — Pine-Fiére à qui (mais avec beaucoup de ménagement) Mad. Durut laissa voir quelque doute, lui dit avec humilité : ,, Je ne serais pas sans inquiétude, si je n'étais rassurée par le charme irrésistible de Miladi. ,, — Je réponds de lui, interrompt celle-ci beaucoup moins modeste. — Vous êtes en bonnes mains, va dire ensuite à Limefort, la bonne Durut, tandis qu'il *flegmatisait* avec la Baronne... — Je le connais, dit celle-ci, n'ayez pas peur pour nous, dussions-nous être accrochés encore à la cinquante-neuvieme minute. — Durut ? je suis sur les dents (lui dit en passant la petite Duchesse.) — Bon, bon ! lui répondit-on : Monsieur, (c'était Mâlejeu) *vous relevera du péché de paresse*. — Fout-en-cour avait l'air trop fanfaron pour qu'on osât seulement lui parler d'ailleurs sa prétencieuse Mad. de Band'amoi aurait pris en très mauvaise part qu'on eût l'air de douter du pouvoir de ses charmes. — Bellemontre était le moins confiant de tous ces Messieurs. Durut s'en apperçut, mais de peur de le déconfire encore davantage, au lieu de lui parler, elle vint par derrière près de sa partenaire Mad. de Cognefort & lui dit à l'oreille : ,, *Je vous recommande cet homme-là.* ,, — Je m'en charge, répondit d'un ton avantageux la luronne de Cognefort. — Il ne faut pas demander à M. de Bout'avant (dit enfin à celui-ci Mad. Durut en lui faisant une profonde révérence)... — Quoi, lui demander ? (interrompit-il) — S'il est sûr de son fait, puisqu'il aura l'honneur de finir avec Mad. de Troubouillant ? — Finir ! (riposta très piqué le pétulant Flandrin) oui, peut-être; quand avant de sortir d'ici je l'aurai mis à Mesdames Durut, Fringante & Célestine. — Holà, holà. — Qu'on ne me fâche pas, ou, ventrebleu, j'y fais passer aussi Zoé, Belamour & toute la *mitraille* du service. — A cette folle menace Durut fit un saut en arrière & se signa.

C'est après s'être ainsi tour-à-tour occupé d'affaires sérieuses & de gaîtés, que le cadrille qui avait fixé le septieme exploit au moment de la quarantième minute, fut averti de cet instant par Mad. Durut à haute & intelligible voix. Aussitôt toutes ces Dames furent abattues : la musique faisant le diable, & tous & chacun des acteurs ne voulant pas avoir l'air de *jouer du reste*. Dieux ! quelle ardeur ! quels coups-de-cu ! quel cliquetis de baisers, de sanglots, de cris & d'éloges ! quel abandon ! quel avant-goût de triomphe, même avant d'avoir consommé ! Il n'y avait que la Baronne avec son Limefort qui s'ébatissent paisiblement : tous les autres avaient fini ; tout était vérifié, seul, le cruel couple, (comme s'il n'eût été question que de faire avaler au pauvre Comte la lie du calice d'amertume) seuls, ces gens-là ne désemparaient point. — Limefort avait attaché une très petite montre au ruban des cheveux de la Baronne. — Quelle heure est-il ? (demanda-t-elle) — 55 minutes. — (Elle fut alors quelque tems sans parler....) Finis maintenant. = Lorsqu'ils se releverent, il était 59 minutes, la montre avançant de quelques secondes sur la pendule. — Alors toutes les loges (elles étaient remplies) s'ouvrirent brusquement & des applaudissemens continus firent retentir la salle.

Cependant le fameux Bout'avant, qui le premier avait mis le nez hors de sa garderobe, n'oubliait point une fanfaronade par laquelle il se croyait engagé. Le voilà donc venu saisir à l'improviste & porter sur la plus proche *avantageuse* la bonne Durut, tandis qu'elle ne pensait qu'à l'objet du bien pulolic... Mâlejeu, Durengin, ne voyent pas sans une égale émulation ce trait de bravoure galante & accourent; le premier s'empare de Fringante, le second de Célestine, &.... la fraiche Présidente, ses délectables acolytes, toutes trois sont impitoyablement violées sans respect pour la gravité de leur ministere public. Quarante paires de mains célèbrent si vivement ce piquant impromptu qu'on croirait entendre le bruit de toute une chambrée à quelque grand spectacle, lorsque parait sur la scène l'auteur demandé d'une piece qui vient d'obtenir la couronne. (*a*)

―――――――――

(*a*) Nous espérons qu'aucun de nos Lecteurs ne s'étonnera des hauts faits que nous venons de raconter ? nous leur souhaitons au contraire à tous d'être capables des mêmes prouesses. Que s'il plaisait à quelque incrédule (dans le goût du Comte parieur) de nous chicaner ici sur la *vraisemblance* (en dépit de ce beau vers:

Le vrai peut quelquefois n'être pas vraisemblable)

nous faisons d'abord des vœux pour que sa femme, ou qui pis est sa maitresse, lui donne (comme la Baronne à son jaloux) une preuve pleinement démonstrative de l'existence de ces Messieurs pour qui *sept & huit* ne sont qu'un badinage. Ensuite pour notre justification personnelle nous citerons le véridique Brantome qui assure *que Mahomet, époux de* 11 *femmes, ne mettait qu'une heure à les bistoquer toutes.* Comparés avec le Prophète, nos héros sont encore de bien petits garçons.

JEAN S'EN ALLA COMME IL ETAIT VENU.

TROISIEME FRAGMENT.

MÊME LIEU.

Cependant la boutade de MM. de Bout'-avant, Durengin & Mâlejeu, dérangeait étonnamment l'ordre que Mad. Durut avait imaginé pour la retraite, comme pour l'entrée elle s'était fait admirer. Les Tenantes, les Tenans rajuftés, tous les petits *Servans* des deux fexes s'étaient amaffés dans le trottoir par pelotons partagés entre les trois groupes, & fe livraient à la plus folle joie. Les fpectateurs des Loges, à découvert, riaient, encourageaient, applaudiffant à tout rompre. La mufique avait cru devoir répéter avec la plus extrême vivacité le morceau de clôture, mais il n'était guères poffible de l'entendre. On s'enivrait de folie; on délirait, tandis que Mad. Durut, Fringante & Céleftine, la tête perdue, ne voyaient, n'entendaient plus, & en détachaient de tout leur cœur.

L'exemple est contagieux : à travers cette confusion, Belamour doux, mais espiègle & plus chaud que ne l'annonce son air enfantin, convoite, cherche & trouve Zoé qui depuis le départ de Loulou lui trottait en cervelle. Dans un moment où tout lui semble rendre excusable un trait d'insubordination, il attaque la Négrillonne qui d'abord le reçoit en badinant & joue : mais c'est tout de bon, il s'y prend de maniere à ne pas lui laisser d'incertitude sur l'outrance de son objet. Cette gaîté ravive la galerie, les *bravò*, le claquement des mains ajoutent à l'ardeur des jeunes combattans. Bien attaqué, bien défendu : Belamour a le courage d'un lionceau; Zoé, l'adresse d'une jeune biche. Mais le beau sexe est toujours le plus faible, surtout quand on le prend par où le fripon de Belamour était enfin maître de Zoé. Il la pressait contre une *avantageuse*, elle y tombe, & comme il est impossible d'être supportablement sur ce meuble sans engager ses pieds, elle le fait à l'instant par absolue nécessité. Dès-lors il serait ridicule qu'elle fît plus de résistance, & puisqu'elle en est là, pourquoi ne pas faire tout de suite les choses de bonne amitié ? elle se soumet donc à la circonstance &, rassurée par un applaudissement général, elle n'a plus que l'ambition de mériter le suffrage de tant de connaisseurs qui sont prêts à la juger. Belamour gagne beaucoup à ce noble élan de l'amour-propre : Qu'on s'imagine voir une Psiché d'ébene berçant, baisant & mordillant l'Amour.

A travers ces ébats, Mad. Durut, quitte enfin de son enragé de Bout'avant, survient & prend connaissance du cas. Son premier mouvement est de la colère : sans doute elle troublerait des enfans charmans qui, dans cet instant, hélas, ne savent guères si l'on conspire contre leur bonheur; mais ces Dames du tournois, ces Messieurs font obstacle & le petit coup est complettement fourbi sans esclandre. C'est ainsi qu'au théâtre, après quelque chef d'œuvre de nos fameux auteurs dramatiques, on pourrait voir le spectacle terminé par une scène de marionnettes. Durut, qu'on a calmée & qui finit par rire de la passade, laisse Belamour jouir des félicitations de toutes ces Dames qui, l'embrassant tour-à-tour, lui souhaitent, comme autant de Fées, *tous les biens qu'il mérite; autant de jolies femmes qu'il en pourra servir*; en un mot tout ce qui peut contribuer au bonheur.

Le moindre retard pouvait nuire beaucoup à la marche des choses ordonnées par Mad. Durut. Elle supprime donc le reste de la cérémonie & prie les Assistans de vouloir bien se retirer de l'enceinte qui doit, comme on sait, être métamorphosée pour le même soir. Tout le monde, de la salle & des loges, s'en va dans les jardins où la promenade, une barque, une escarpolette, un trou-madame, un billard, un jeu de bague &c., occupent ceux qui ne préférent pas les mystérieux & propices détours des bosquets anglais, parsemés de temples & d'autels érigés au Dieu du plaisir. Pendant que d'un autre côté le machiniste, le décorateur & leurs ouvriers s'évertuent, Mad. Durut réunit les parieurs. On démontre au malheureux Comte que ses mille louis sont bien perdus : ce n'est pas ce qui l'afflige le plus. Chacun des sept gagnans reçoit cinquante louis. Ces Dames (qui, bien entendu, ont été mises secretement de moitié) seraient incapables de toucher les cinquante qu'on laisse pour chacune d'elles: mais Mad. Durut les porte ostensiblement en recette sur le grand livre à la marge de leurs comptes. Le Prince, qui a ordonné une fête (à l'occasion de laquelle le monde des loges était invité) veut laisser 150 louis, mais les parieurs-gagnans qui sont dans le secret, ne permettent pas que le Prince supporte seul les frais de cette galanterie ; après bien des débats de délicatesse, on s'en rapporte enfin à Mad. Durut qui décide que chacun des sept tenans donnera cent écus, & que le Prince doublera la somme totale : = „ Laissez-moi faire, dit-elle, & ne songez plus qu'à vous divertir. Défendez-moi *d'aller* jamais *me faire foutre*, si je ne vous fais pas joliment passer votre tems. Bon soir. = „ Alors elle les met gaîment à la porte & s'enferme dans son intérieur.

La Scène est dans une pièce de l'appartement de Madame Durut.

Certains penseurs prétendent *que l'amour est peut-être moins encore dans le cœur que dans la tête :* il faut qu'ils ayent à peu-près raison, puisque le Comte de Schimpfreich *a)*, cocu par sept rivaux en sa présence, avait encore, malgré tant d'affronts, la fureur de vouloir se mettre incontinent aux pieds de Mad. de Wakifuth !

(*a*) C'est le nom de notre parieur-perdant. Le Comte est un petit maigre & mince élégant-blondin, conservant un léger goût de terroir. -- Traits passables, mais qui ne composent point une physionomie. -- Quant au *mérite* essentiellement estimé chez les *Aphrodites*, on doit en supposer peu pourvu un homme qui croit difficilement à certain degré de talent, *& choisit si mal* quand il parie.

Quoi !

Quoi ! (*disait* :

LE PRINCE, *à cet étonnant mortel.*

Vous n'êtes pas encore guéri !

LE COMTE.

Je suis plus malade qu'avant de l'avoir revue. Elle est devenue si belle !...

LE PRINCE.

Mais si communicative !

LE COMTE.

Je ne lui avais supposé qu'un défaut...

LE PRINCE.

Ah oui : je m'en souviens. D'*être froide* ? Il est très vrai, mon pauvre Comte, que vous savez maintenant à quoi vous en tenir... Que voulez-vous enfin à cette femme ?

LE COMTE, *avec feu.*

Lui vouer mes soupirs, mes desirs, tout mon être. Réparer mes anciens torts : la prier d'agréer ma main & le partage de ma fortune.....

LE PRINCE, *d'un ton sec & froid.*

(*Après un moment de silence*) Vous avez raison, Monsieur. Chacun sait mieux, que qui que ce soit au monde, ce qu'il lui faut pour être heureux. Vous ferez très bien de vous satisfaire...

LE COMTE.

L'honneur veut.....

LE PRINCE, *interrompant.*

Sans doute. — *Il salue & s'en va.*

On se représente aisément l'embarras du Comte si brusquement délaissé par la seule personne qu'il connaisse dans un séjour où il est arrivé sans même en avoir vu la route. Cependant il tient outrément à son idée : il lui faut un intermédiaire... Célestine parait. Elle a une de ces physionomies sensibles qui promettent tout aux malheureux.

LE COMTE, *accourant près d'elle avec un air d'agitation.*

Ah! Mademoiselle! quel bonheur....

CELESTINE, *en riant.*

Chut... chut : ce n'est pas encore le moment...

LE COMTE.

Il ne s'agit point de ce que vous imaginez, belle Célestine....

Il lui conte ses doléances, l'instruit de tout, la prie, la supplie de se charger d'une premiere ouverture auprès de la Baronne.. — Célestine a le cœur plus sensible encore que sa physionomie : elle a pris au malheur du Comte un vif intérêt : elle veut bien aller de ce pas pérorer Mad. de Wakifuth.

CELESTINE.

Si je réussis à l'engager dans un entretien

particulier, c'est ici que je l'amenerai. Retirez-vous là dedans (*elle ouvre un petit cabinet*) vous entendrez tout : &, selon que la chance tournera, vous serez le maître de vous montrer ou de rester invisible.... (*Fort gaiment*) Et de l'aventure ; me voilà cassée aux gages ?

LE COMTE, *lui baisant la main.*

Adorable Célestine! vous méritez mieux que je ne vaux. (*Il se précipite une seconde fois sur sa main & la baise.*

CELESTINE.

Ce pauvre Comte! il me fait pitié. — Tenez : (*lui donnant un baiser sur le bec*) Patientez toujours avec cela, jusqu'à ce que je vous amene votre archi-fouteuse Eulalie. (*Elle ferme sur le Comte la porte du cabinet.*)

———

Célestine qui croyait trouver très facilement Mad. de Wakifuth, y eut beaucoup de peine. Cinq des Dames du tournois, auxquelles elle s'était adressée, n'avaient pu lui donner des nouvelles de la Baronne, mais enfin Mad. de Troubouillant (qui revenait de faire un tour au jardin anglais avec le Vicomte de Beauguindal) lui dit qu'il lui semblait avoir entendu Mad. de Wakifuth tout au fond du bosquet rire de bon cœur avec un homme; Célestine courut à l'endroit indiqué. Mais après avoir cherché longtems & écouté à plusieurs portes, elle désespérait enfin de joindre cette introuvable femme: par bonheur, apparut soudain (sortant d'une niche à laquelle Célestine n'avait pas fait attention) la Baronne accompagnée du Chevalier de Tireneuf (*a*), l'un des plus impitoyables *Causeurs* de l'Ordre. C'était quelque éclaircissement qu'ils venaient d'avoir ensemble, ou quelque confidence très gaie, qu'ils s'étaient faite, car on les voyait fort émoustillés.

CELESTINE, *d'un peu loin.*
Madame? Madame?

LA BARONNE.
Que me veux-tu? (*elle venait à Célestine.*)

───────────

(*a*) LE CHEVALIER DE TIRENEUF. Garde-du-Roi, du tems qu'il y en avait. Cinq pieds dix pouces de haut. — L'hercule de Farnèse à 24 ans & francisé. — Les femmes & le jeu mettent cet enfant de Paris au pair avec un ordre de gens dont son peu de fortune voudrait le séparer. Il est, a-t-on dit, grand *Causeur*: voici comment. — Ses discours sont pour l'ordinaire divisés en 9, 10 ou plus de points: cependant ils n'ennuyent jamais ces Dames; — C'est l'effet de la magie de l'*organe-oratoire*, du style & du geste à la beauté desquels prêtent beaucoup 10 pouces forts.

TIRENEUF.

Quoi! vous me quittez, Madame?

LA BARONNE, *indécise.*

Eh mon Dieu! ne faut-il pas répondre aux gens!

TIRENEUF.

Mais je ne vous ai pas dit la moitié de mon affaire!

LA BARONNE.

Nous la reprendrons.

TIRENEUF.

Faites donc vîte.

LA BARONNE, *à Tireneuf.*

Tu sais que j'expédie assez lestement les conversations. Attends moi là. (*à Célestine*) Eh bien! Que me voulez-vous, Mademoiselle?

CELESTINE.

Vous parler en particulier, de quelque chose...... que vous n'entendrez peut-être pas sans intérêt.

LA BARONNE.

Je suis peu curieuse de mon naturel: n'importe....

CELESTINE.

Il faudrait avoir la bonté de me suivre quelque part.

LA BARONNE.

Voilà bien du mystère!

CELESTINE.

Un peu de complaisance ?

LA BARONNE.

Assurément, je ne l'aurais pas pour toute autre que toi, mais je t'aime de tout mon cœur.. J'aurais pourtant souhaité que tu eusses mieux pris ton tems...

CELESTINE.

Pouvais-je, en conscience, vous supposer des affaires, quand vous veniez à peine de finir un travail !

LA BARONNE, *se retournant, voit Tireneuf qui n'est éloigné que de quelques pas.*

Du moins, Chevalier, ne t'éloigne pas !

TIRENEUF.

Faut-il attendre ici de pied ferme ?

LA BARONNE.

Sans doute. Si tu rentrais dans la foule, nous ne saurions peut-être où nous retrouver. Retourne, crois-moi, t'emparer du cabinet.

La Baronne a pris Célestine sous le bras. Elles marchent assez vîte & sans parler. La curiosité dans ce moment balance chez la Baronne l'attrait du plaisir qu'elle sait que fait goûter la mâle éloquence de Tireneuf.

Maintenant dans le cabinet où Célestine & le Comte se sont parlé. (*On est assis*)

CELESTINE, *d'un ton préparé.*

Quelle impreſſion feraient ſur vous, céleſte Eulalie, des nouvelles ſûres de l'exiſtence, du repentir & des généreuſes intentions d'un homme qui fut autrefois bien coupable envers vous ?

LA BARONNE, *froidement.*

Tu veux parler, je le vois, du Comte de Schimpfreich...

CELESTINE.

De lui-même.

LA BARONNE.

Eh bien ! puiſqu'il exiſte encore : tant mieux pour lui. — S'il ſe repent, cela lui fait honneur ; je l'en félicite : & cela le punit, j'en ſuis enchantée. — Quant à ſes intentions, je ne me ſoucie nullement de les connaître, parce que cet homme eſt depuis bien longtems tout ce qu'il y a de plus étranger pour moi ſur la terre.

CELESTINE.

Savez-vous qu'il eſt devenu puiſſamment riche.

LA BARONNE.

Je ſais de plus qu'il eſt devenu puiſſamment fou.

CELESTINE.

Mais s'il perd l'eſprit, c'eſt d'amour pour vous, c'eſt de regrets de...

LA BARONNE.

Je n'ignore aucun des détails de son extravagance. Il m'a réduite à le faire épier avec autant de soin qu'il en met lui-même à me poursuivre. Je le sais à Paris, & c'est pour qu'il ne puisse me déterrer enfin, que je vais dès demain me mettre en pension ici pour tout le tems qu'il doit passer dans cette Capitale avant d'aller en Angleterre, où je compte bien qu'il volera, dès qu'un faux avis (tel que vingt fois je lui en ai fait donner) l'assurera que je vis à Londres.

CELESTINE.

Quelle rigueur! pourquoi fuir un homme contrit, qui vous idolâtre, qui veut vous combler de biens?

LA BARONNE.

Je jouis des seuls que je désire; l'aisance & la liberté. Schimpfreich me doit un unique bienfait, il n'a qu'une maniere d'être généreux à mon égard : c'est de renoncer à toutes vues sur moi...

CELESTINE.

Vous le haissez mortellement!

LA BARONNE.

Dès longtems je ne lui fais plus cet honneur.

CELESTINE.

Mais si vous veniez à le voir....

LA BARONNE.

Le ciel m'en préserve.

CELESTINE.

S'il vous avait déjà vue...

LA BARONNE.

J'en serais bien fâchée.

CELESTINE, *s'animant.*

Si par un de ces hasards singuliers qui tiennent du roman, le malheureux Comte avait été témoin de ce qui vient de se passer dans l'enceinte, si malgré tant de disgrace, plus brûlant, plus éperdu que jamais, il était prêt à mettre à vos pieds sa passion, sa fortune & sa vie.

LA BARONNE, *se levant.*

Il mettrait le comble à mon mépris, à moins que je n'apprisse en même tems qu'il aurait fait retenir un logement à *Bedlam* (a), & que c'est l'objet réel de son prochain voyage d'Angleterre... Adieu. — *Elle veut s'en aller.*

LES MÊMES, LE COMTE.

LE COMTE,

(*Ouvrant avec précipitation la porte du cabinet qui le cachait.*) Ah! c'en est trop, cruelle!..

Le sang-froid de la Baronne est désespé-

(a) Maison où l'on enferme les foux à Londres.

rant pour un homme paffionné qui s'était promis que fa brufque apparition allait produire un grand coup de théâtre.

LA BARONNE.

Ah! vous voilà, Monfieur! (*Le Comte ne fachant plus ce qu'il doit faire, va s'appuyer la tête contre le mur & fouffle comme un bœuf effaré*); —— Je fuis charmée que vous m'ayiez entendue, & que Céleftine (d'ailleurs excellent avocat) fe trouve exempte du pénible détail des invariables fentimens que j'ai pour vous...

LES MÊMES, LE PRINCE (*a*).

Celui-ci, qui ne prend à la vérité nul intérêt à la paffion d'un homme dont il ne peut plus eftimer le caractère, a pourtant fait la

---

(*a*) LE PRINCE: 29 ans: cette fois la nature n'a point fait de *qui pro quo*. C'eft bien l'ame d'un Prince qu'elle a placée dans une enveloppe du plus noble modèle. Edmond eft à la fois brave, galant, affable & généreux. Plein d'efprit, il eft peu jaloux de briller: cependant il entraîne tous les fuffrages. Perfuadé qu'un feul ami confole de vingt ingrats, il fert, il oblige avec un zele infatigable. —— Heureux avec beaucoup de femmes, jamais aucune n'eut à fe plaindre de lui. C'eft completter fon éloge dans un fiecle

guerre à l'œil. Il sait dans ce moment la Baronne & le Comte réunis. Il est curieux de savoir ce qui peut se passer entr'eux &, comme sans dessein, il entre en courant dans leur chambre.

LE PRINCE, *feignant un grand étonnement.*

Ah !... que de pardons ne dois-je pas vous demander... (*il fait semblant de vouloir se retirer.*)

LA BARONNE.

(*Quoiqu'elle ne connaisse le Prince que de vue.*)

Non, non, Monsieur : restez.

LE COMTE, *s'écriant.*

Prince ? je suis perdu : plus cruelle qu'une hyène, cette femme achevait de me déchirer le cœur.

LA BARONNE, *avec tranquillité.*

Point de grands mots, Monsieur. Je serai, moi, fort unie dans mes expressions.... (*Le Comte paraît hors de lui.*)

---

affreux où la clique des hommes à bonnes fortunes semblent exercer cette profession moins pour leur propre agrément, que pour le supplice des malheureuses qui les ont bien traités. Sexe charmant ! Puissent les Furies, détruisant jusqu'au dernier de ces monstres, faire place enfin à des hommes dignes de toi, qui sachent cultiver au lieu de l'abattre ce bel arbre, dont il est si doux de manger le fruit !

LE PRINCE.

Comte ? raſſurez-vous, & voyons ce que dira Madame.

CELESTINE.

Mon Prince ? Faites-moi le plaiſir de me remplacer. Ma miſſion eſt finie. Mille ſoins m'appellent ailleurs. (*Elle court.*)

LE PRINCE, *vivement*.

Céleſtine ? Céleſtine ? vous oubliez quelque choſe.

CELESTINE.

Quoi donc ?

LE PRINCE.

De me donner deux baiſers...

CELESTINE.

Je ſuis ſi preſſée... Encore ne vient-il pas les chercher : (*elle rentre leſtement : ils s'embraſſent de tout leur cœur.*) — *Céleſtine ſort.*

LES MÊMES.

LA BARONNE.

Savez-vous, mon Prince, quel procès ancien il y a entre Monſieur & moi ?

LE PRINCE.

Oui, très-belle Dame. Le Comte a bien voulu me mettre au fait.

LA BARONNE.

Eh bien! daignez nous juger. — Je fus trahie par Monſieur que j'aimais : mon reſpectable pere mourut de chagrin ; & mon frere unique, le plus cher de mes amis, périt trois ans plus tard des suites de la blessure qu'il reçut en voulant me venger. Pourrais-je sans opprobre conserver le moindre bon sentiment en faveur d'un homme aussi fatal à ma famille qu'à moi-même ?

Le Prince.

Mais un profond repentir...

La Baronne, *interrompant.*

Ne peut ressusciter sans doute un pere, un frere vertueux & chéri ; ne peut me rendre la considération, l'état que je perdis : ne peut me dédommager de l'estime publique, de la mienne propre, ni de la paix dont je cessai de jouir dès le moment de ma funeste aventure. — Un honnête gentilhomme osa bien m'épouser avec toutes mes taches. Peu riche, du moins il pensait noblement... (*Un coup d'œil accusatif fait baisser la vue au Comte.*) — Malheureux de m'aimer trop, M. de Wakifuth (*a*), à qui sa santé débile prescrivait de grands ménagemens, trouva, malgré moi, dans mes bras, une mort prématurée qui devait m'enlever le seul appui que j'eusse sur la terre. Veuve au bout de moins d'une année,

---

(*a*) C'était le même que le Comte se souvenait d'avoir vu.

je me trouvai comme la feuille détachée de l'arbre, joüet de tous les vents. Ils me transporterent en France, où, contente de peu, mais parfaitement libre, je vois s'effacer insensiblement sous la lime du tems les profondes impressions de mes anciens malheurs. Dès longtems je n'ai plus qu'un souci : celui d'éviter un homme qui semble ne vivre que pour remplir le rôle de mon opiniâtre persécuteur. Prince ? je supplie M. de Schimpfreich de s'expliquer enfin en votre présence. Veut-il s'obstiner à me poursuivre ? C'est moi, dès lors, qui sans afile, rompant tous les liens de mes habitudes, vais courir l'univers avec l'anxiété de la perdrix sans cesse menacée des serres d'un impitoyable vautour... ou le cœur de M. le Comte est-il enfin susceptible de quelque sentiment généreux ? Qu'il jure devant vous de renoncer à sa tyrannique poursuite : alors je pourrai quelque jour le plaindre & peut-être enfin l'estimer...

LE COMTE, *avec dédain.*

M'estimer !... (*son regard frappant, de colere & de mépris, trahit un reproche humiliant qu'il fait intérieurement à la Baronne, & la comparaison qu'il croit pouvoir faire à son propre avantage d'elle à lui.*)

LA BARONNE, *au Comte.*

Je te devine : à ce nouveau trait, je viens

de te reconnaître, & tu viens de fermer encore mieux mon cœur à la pitié...

LE PRINCE.

Calmez-vous, Madame. Comte? je tremble sur le point de vous donner un conseil.

LE COMTE.

Parlez, Prince : quel qu'il puisse, il sera moins cruel que l'arrêt qu'il me semble être de mon devoir de prononcer contre moi-même après ce funeste éclaircissement... Mon Prince, daignez parler.

LE PRINCE.

A votre place, je promettrais à Madame de ne plus troubler son repos. Je ferais avec elle une trêve & donnerais ma parole de ne reparaître... (*Il consulte les yeux de la Baronne.*)

LA BARONNE, *durement.*

Jamais.

LE COMTE, *au Prince.*

Vous l'entendez : est-elle assez inhumaine!...

LE PRINCE, *à la Baronne.*

L'arrêt est trop cruel : j'allais proposer un an. — (*Le Comte attend en silence.*)

LA BARONNE, *ayant réfléchi.*

Un an : je le veux bien. (*a*)

(*a*) Son idée est que gagnant ainsi du tems, elle saura bien au bout de l'année trouver quelque nou-

LE PRINCE.

Vous permettrez que dans un an, pas plus tôt, le Comte revienne tomber à vos pieds : & s'il pense toujours de même, s'il a religieusement gardé sa parole de ne vous donner aucune inquiétude, il aura bien sans doute quelque droit à vos bons sentimens ?

LE COMTE, *tombant aux genoux de la Baronne.*

Prononcez, Eulalie ?

LA BARONNE, *hésitant.*

Eh bien !.... Je ne dédirai point le Prince. Un an, soit. — Mais à condition que Monsieur retournera sur le champ à Paris, & qu'il en sera parti dans vingt-quatre heures.

LE COMTE.

L'ordre est despotique. Mais encore vaut-il mieux obéir que de mourir. Oui, Prince : j'allais également me retirer, mais c'était pour me brûler la cervelle.

LA BARONNE, *avec un sourire de dédain.*

Vous y songez un peu tard. Mais gardez votre cervelle, Monsieur. Et faites, s'il se peut, un heureux voyage.

LE COMTE.

Et vous me permettez d'espérer que dans un an....

---

veau moyen d'éviter un homme qui lui est froidement odieux.

LA BARONNE.

Je promets de vous revoir alors. Mais gardez-vous bien de me donner le moindre sujet de plainte : sonnez. (*il obéit*) — (*à un domestique qui paraît*) Mad. Durut ? ou Célestine ?

LES MÊMES, CÉLESTINE.

CELESTINE, *qui était à portée.*

Me voici : la paix est-elle faite ?

LA BARONNE.

Monsieur part à l'instant : faites-moi le plaisir, Célestine, de donner vos ordres pour cela.

CELESTINE.

Vous ne pouviez m'appeller plus à propos. Une autre personne va partir à la minute, & c'est une jolie femme encore. On pourra se parler en chemin.

LE COMTE, *interrompant.*

Tout un an, cruelle !

LA BARONNE, *sèchement.*

Ou jamais.

CELESTINE.

Allons, allons. Ne laissons pas partir cette voiture dont le cocher n'est point prévenu. Marchons, mon pauvre Comte. (*Elle l'entraîne : il a bien de la peine à sortir : il cede enfin & disparait.*)

LA BARONNE, LE PRINCE.

Le Prince, *ployant les épaules*.
Pauvre sot !

LA BARONNE.

Penſez-vous, Prince, qu'il aura la bonne foi de s'éloigner, & me croyez-vous quitte de lui ?

LE PRINCE.

Vous devriez vous en croire aſſurée. Il y a tant de motifs ! d'ailleurs votre aſcendant ſur ce pauvre malheureux ne peut aſſez ſe concevoir...

LA BARONNE.

Mais l'aſcendant n'a de vraie priſe que ſur les caracteres prononcés. Cet homme n'a pas même celui de la *faibleſſe* : il n'a que de l'opiniâtreté. — Cependant, mon Prince, je dois vous demander bien des pardons de vous avoir fait paſſer un ennuyeux quart-d'heure.

LE PRINCE, *galamment*.

Il ſerait charmant, belle Eulalie, que vous vouluſſiez bien à l'inſtant m'en dédommager ?

LA BARONNE, *gaîment*.

Cela ſerait d'une folie qui n'aurait pas le ſens commun. Vous ſavez...

LE PRINCE.

Oui : qu'il reſterait bien encore, ſi vous

vouliez, un peu de marge pour moi dans la destination d'un jour heureux.

LA MARQUISE, *avec bonté.*

J'y consens : à condition que vous me permettiez de me mêler de rien ? On m'a si fatiguée...

LE PRINCE, *gaîment.*

Ne vous mêler de rien : je sais que c'est votre manière : mais personne ne s'en plaint. (*Ils se baisent.*)

LA BARONNE.

Fermez donc. — (*Tandis que le Prince obéit, elle s'est pittoresquement établie sur l'ottomane. Le Prince ne peut s'empêcher de sourire de cet excès de résignation.*) Que voulez-vous ! (*lui dit-elle souriant à son tour.*) Voilà comme je suis. Viens, viens, mon joli Prince ? (*il l'imit.*)

Bientôt le Prince est étonné de trouver tant de *juste proportion* & tant de douceur à jouir d'une femme qui vient pourtant d'endurer des colosses ! il conçoit alors que la nature a de grandes ressources & fait des miracles en faveur de ses bien-aimés. Il se tient pour dit que, comme le feu brûle & l'eau mouille, la Baronne aimante, électrise & *confit* ses amans. Il savoure à longs traits les délices d'une jouissance d'un genre absolument neuf pour lui.

E 2

Après quoi, de l'impression qu'a faite le *caractere* que la Baronne a déployé dans son dernier entretien, & de celle qui naît de son inexplicable charme, il résulte chez le Prince une indulgence & même une sorte d'intérêt pour cette femme singulière, à laquelle d'abord il croyait n'être dû que du mépris. Comme ce n'est jamais la Baronne qui rompt la première des nœuds aussi doux que ceux qui l'attachent en ce moment, le Prince qui, sans se piquer d'être un Bout'-avant, un Mâlejeu, ne laisse cependant pas d'être fort amateur, profite de la fixité de la Baronne, & la travaille une seconde fois. C'est surtout alors qu'il se confirme dans tous les bons sentimens qu'elle vient, à si peu de fraix, de lui inspirer. Vers le moment de la clôture, il lui fait les plus tendres caresses, & lui jure de demeurer écrit pour jamais sur la liste de ses plus fervents sacrificateurs. ,, *J'accepte* ,, répond l'expirante Baronne, lui donnant un profond & brûlant baiser... (*Ils se levent & s'en vont.*)

Mais c'est Tireneuf, dont il faut bien un peu rire : Qu'il avait bonne grace à garder là bas un cabinet !

OU PEUT-ON ETRE MIEUX!

QUATRIEME FRAGMENT.

La Scène est d'abord dans le bosquet anglais.

Heureusement pour Tireneuf, la *vieille* (a) Comtesse de la Bistoquière, (qui l'avait apperçu dans les loges & depuis, le cherchait partout) vint à passer, seule & fort en souci,

---

(a) Chez les *Aphrodites* on nomme *vieille* toute femme qui passe quarante ans. Mais ces Dames ont *droit d'assistance* jusqu'à ce qu'elle ne *marquent* plus. Alors, à moins d'un *relief*, elles perdent *leurs entrées*, excepté le jeudi pour le service de ces Messieurs dont il est fait mention dans une note du numéro 2, au bas de la quatrième page, & le samedi pour des raisons que l'occasion naitra de déduire ailleurs. — MAD. DE LA BISTOQUIERE : brune grisonante, a de beaux & grands restes assez bien conservés, à l'entretien desquels elle n'épargne ni ses soins, ni sa bourse. Elle a pour réparateurs 5 à 6 affidés maçons de la force de Tireneuf.

près de l'endroit où le pauvre diable croquait le marmot, en attendant la Baronne. Tireneuf *homme d'affut* (a) & qui fait que la Comtesse a pris enfin le parti de *plaire de la poche*, se laisse voir ; on lui saute au cou. Le cabinet se referme. La Comtesse propose alors vingt louis à gagner en quatre parties liées. Tireneuf se met aussitôt à les jouer de la meilleure grace du monde. — Cet arrangement sauve la Baronne qui, fidèle à sa parole, mais en retard, ne revenait pas à ce cabinet sans un certain serrement de cœur. Car Mons Tireneuf n'a pas encore tout-à-fait émoussé parmi le beau monde les aspérités de sa robuste constitution & de ses premieres habitudes. Heureusement, disons-nous, la Baronne trouve la place prise : c'est le sournois Commandeur de Concraignant (b), qui, par derrière, la surprenant à écouter ce qui se passe dans le cabinet, ose, à la faveur des ténebres croissantes, &... — Mais la Baronne s'appercevant

─────────────

(a) Synonime diminutif d'*escroc*.

(b) LE COMMANDEUR DE CONCRAIGNANT : 37 ans. Charmant petit-maître à ruban vert : les plus délicieuses fortunes de la cour l'ayant successivement accommodé pis que ne l'auraient fait celles des coulisses, par un beau jour il proféra le terrible serment de ne plus s'exposer à de si cuisants repentirs. Dès-lors, ayant du caractere, & ses modestes

d'un genre d'hommage qui n'est pas celui qui l'intéresse le plus, pense se fâcher... ⚌ Monsieur ? (dit-elle ne sachant pas encore à qui elle parle) sans m'en prier ? c'est un peu fort !
— Comment c'est vous, délicieuse Baronne (repart Concraignant qui redouble d'ardeur), je ne vous avais prise, ma foi, que pour Mad. de Curival, qui m'avait promis de venir par ici s'égarer à mon profit. Je suis un grand mal-adroit de ne m'être pas d'abord apperçu de tout ce que je gagne à la méprise. ⚌ Cependant l'arrière-besogne allait son train. Outre que la Baronne était sensible au compliment, elle n'était pas fâchée que Concraignant négligeât d'adoucir sa voix. Ainsi, tout à la fois elle faisait preuve de charmes, acte de préfence, changement de chère ; elle se vengeait aussi ; car il n'était pas doux pour le spéculateur Tireneuf de n'avoir dans ses bras qu'une quadragénaire Matrone, tandis que son *rendez-vous* prêtait le....... collet à un rival qui, son travers à part, était infiniment aimable. ⚌ Foutre ! (disait avec humeur la

---

six pouces & demi ne l'ayant pas mis dans le cas d'être réclamé du Souverain oriental, il sert l'occidental avec autant de constance que de zele. Là se borne son héréfie, car où l'objet de sa terreur (non de sa haine) ne se trouve pas, il n'y a point de plaisir pour ce galant homme.

grosse Comtesse, voyant à Tireneuf quelque distraction dont le reste souffrait) ces gens-là choisissent bien mal leur champ de bataille! ne pouvaient-ils pas aller *mignonner* ailleurs ! —— Ils entendaient à leur tour: leur passade finissait : ils s'en allerent riant aux éclats & poussant de la sorte à bout l'humoriste Antiquaille. Il en coûta au pauvre Tireneuf, en sus des quatre fiches de la partie, une cinquième de consolation.

On ne finirait jamais, cher Lecteur, si l'on voulait vous rendre compte avec la même exactitude de la conduite de 36 paires, soit Profès, soit Affiliés, réunis ce jour-là dans l'hospice. Figurez-vous seulement partout, mais principalement dans le bosquet d'où sort la Baronne, un ramage confus de baisers, d'accens, de soupirs, d'éclats échappés au délire des voluptés, comparable à celui que font au lever de l'aurore mille oiseaux habitans d'une forêt parée de ses feuilles nouvelles.

Une premiere bombe avertit enfin l'essaim dispersé que *c'est le moment du feu d'artifice*. On accourt de toutes parts & l'on borde les deux tiers de la circonférence du grand bassin, local ordinaire de ce divertissement: le ciel s'est voilé comme exprès. *Peu, mais de l'excellent*, c'est la regle établie chez les *Aphrodites*, & la févere Durut a grand soin que, dans aucune partie de son administration, il n'y soit jamais dérogé.

Du jardin, on passe deux à deux dans la rotonde qui n'est plus un salon d'if, mais un lieu de fête décoré d'un ordre de seize colonnes ioniques gris de lin à bases & chapiteaux blancs, avec l'entablement paré de festons de fleurs imitant le naturel. Une coupole analogue, élegamment enrichie d'arabesques, supporte à son centre un lustre simple, mais d'un goût exquis, figurant un cercle chargé de 32 grosses bougies. Il est suffisamment abaissé dans le moment, pour que seul il éclaire de la plus agréable lumiere tout l'espace, & particuliérement la table, en fer à cheval circulaire, interrompue en face de l'entrée & garnie de 36 couverts : les Dames seules y prennent place. — Les goûts sont si différens que chacun se passionne pour quelque spectacle favori. Quant à moi, je ne sais s'il y a rien d'enchanteur au monde comme ce cercle de femmes, toutes plus ou moins belles, jeunes ou jolies, toutes galantes surtout, qui ont épuisé dans leur voluptueuse parure la quintessence de la mode & du goût. Que j'aime à voir derriere elles cette élite des vrais *aimables* de la premiere (*a*) capitale de l'Europe, leur formant une

---

(*a*) Puisse-t-on, hélas ! ne pas dire bientôt la *derniere*.

cour empreſſée ſans eſclavage, familière ſans impertinence, ſpirituelle ſans tours de force, gaie ſans pétulance, ardente ſans brutalité !

Un ambigu délicieux ſe mêlant à mille fleurs, offre tout ce qui peut flatter la ſenſualité du ſens ſubalterne dont ce moment eſt le regne. Au centre, une large table & quatre *Officieuſes* à pluſieurs étages montent & deſcendent ſans ceſſe apportant tout ce que peut exiger le ſervice, & remportant tout ce qui n'eſt plus utile. Aucun regard profane (*a*) ne ſouille ce banquet, image de ceux de l'Olimpe... Eh ! les Aphrodites ne ſont-ils pas du moins des demi-dieux ſur la terre ! avoir la jeuneſſe, la beauté, les graces, tous les dons que peut répandre la nature ; & jouir de toutes les voluptés imaginables ! n'eſt-ce pas exiſter ſurhumainement !

A minuit on quitta la table. Alors, par huit iſſues, on put ſe répandre de tous côtés dans de petites pièces très-éclairées dont, pour lors, les *deſſous-de-loges* étaient deve-

---

(*a*) Les douze enfans de chaque ſexe qu'on fait être attachés à l'établiſſement, étaient ſeuls employés au ſervice, les filles fixes en dedans du fer à cheval ; les garçons errans autour de la table. L'une, ou de Mad. Durut, ou de Céleſtine ou de Fringante, tour-à-tour préſidait aux fonctions ; il y regnait un ordre admirable. — Bien entendu qu'on ſoupait au bruit des inſtrumens d'harmonie.

nus les anti-chambres. Là, huit à huit, quatre à quatre, plus ou moins, on pouvait causer, batifoller ou jouer des jeux de société. Dans une pièce plus grande, était une table de Pharaon, les Dames aimant assez généralement tous les jeux où l'on fait des cornes. En moins d'une demi-heure l'attirail du banquet avait entièrement disparu. Une vive lumiere éclatait pour lors dans toute la rotonde. Le bruit des instrumens de bal appellait les amateurs de danse: ils accoururent; il y en eut constamment assez pour que pendant quatre heures le bal ne languît pas une minute. On dansait, on allait, on venait. Tous les boudoirs étaient ouverts. On souriait de voir telle danseuse plus agitée lorsqu'elle revenait de se rafraichir, qu'elle ne l'était en quittant la danse. Certaines fringantes, telles que Mesdames de Troumutin, de Mattepine, de Confort, de Pompamour, de Vadouze, de Chaudpertuis (*a*) &c. faisaient perpétuellement la navette dansant avec ménagement, cependant paraissant à la fin accablées de fatigue. Quoiqu'en général le défaut des *Aphrodites* ne soit pas d'être caustiques, quelques espiègles ne laissaient cependant pas d'obser-

---

Leurs portraits arriveront à mesure qu'elles figureront dans des scènes particulieres.

ver que Mesdames d'Aisevaux, de Curival, de Bigaine, de Confessu, de Branval & de Beaurevers, soupçonnées d'être *ambidextres*, ne sortaient en effet jamais sans emmener à la fois deux cavaliers dont quelques-uns tels que MM. de Trichecon, de Cognebran, de Fauxconnier, d'Obergu, montraient la corde. C'est à travers de cette confusion que, par une mal-adroite éclipse, le Comte de Vitbléreau, malgré ses quarante ans, compromit le jeune Marquis de Fessange, de maniere à lui laisser une note indélébile. La jolie Mad. de Condoux, par une précaution contraire, & quoiqu'on ne la vît ni danser, ni disparaître, donna beaucoup à penser à ceux qui remarquaient que, dans une loge du haut, en dehors de laquelle on la voyait se pencher beaucoup, elle recevait coup sur coup des visites de gens appellés, auxquels elle ne disait pourtant qu'un mot, lorsqu'ils entraient, & presque rien quand ils faisaient retraite. Ce manege, qui n'avait peut-être au surplus d'incivil que les apparences, avait duré toute la nuit. Vers le jour on dansa des rondes & des branles assez *branlants*, dont quelques-uns fort ingénieux seront rapportés dans un recueil de cette espece d'académie *Coïro-pygo-glotto-phalurgique*. (a) — Une *farandole*

(a) Ceux qui savent le grec comprennent à mer-

enfin, où se firent des chaînes, des passes, des haut-le-corps qui ne peuvent se décrire, couronna follement le bal le plus actif qui se fût peut-être jamais donné dans l'hospice.

Il s'agissait enfin de décerner un prix auquel bien des concurrents semblaient prétendre. Il y était pourtant attaché une condition assez difficile à remplir pour gagner. Il fallait être le seul qui eût atteint un nombre quelconque de prouesses prouvées. Deux rivaux qui se seraient trouvés égaux, s'excluaient mutuellement. M. de Bout'avant qui avait achevé sa douzaine, ne comptait sur rien, parce que Tireneuf *s'était mis à l'extraordinaire*, & se vantait de 13 exploits. Mais celui-ci eut lui-même un pied de nez quand le timide Plant'amour, à peine âgé de 20 ans, murmura qu'il était en état de faire preuve de quatorze. — On se récriait : mais quatorze Dames, non moins étonnées que les Cavaliers eux-mêmes, furent obligées de lui rendre publiquement justice. C'était les quatorze plus âgées, parmi lesquelles Mad. de

---

veille que cela veut dire : *Académie où l'on travaille du con, du cu, du vit & de la langue.* On est bien malheureux d'être obligé, sous peine de passer pour ignare, à donner de semblables explications. C'est un soin que les écrivains eux-mêmes devraient bien épargner aux Editeurs.

la Biſtoquière avait pour anciennes Meſ-
dames de la Conaſſière, de Vaginaſſe, &
la doyenne Mad. la Préſidente de Con-
bannal. Il avait danſé une fois avec chacune de ces Dames, & les avait conduites
tour-à-tour aux rafraîchiſſemens. Les bras en
tomberent d'abord à tout le monde, mais il
fallut les relever pour applaudir à ce prodige
de puiſſance & de zèle *phalurgique*. Le prix
était une répétition enrichie pour laquelle
Mad. Durut avait reçu un louis de chaque
individu maſculin. Plant'amour fut moins
ſenſible au gain de la montre qu'aux éloges
dont on le comblait, & au ſoin que pre-
naient toutes les jeunes Dames d'inſcrire ſon
beau nom ſur leurs tablettes. C'eſt ainſi qu'un
pur haſard fit ſortir tout-à-coup de deſſous
le boiſſeau le plus ſurprenant mérite. On prit
note de cette ſingularité, pour qu'il en fût
fait rapport à la plus prochaine aſſemblée. (*a*)

(*a*) Plant'amour était *agréé* depuis ſix mois,
mais *non reçu* ; ſon grand air de jeuneſſe & ſa *proportion* qui n'excédait pas 7 pouces 9 lignes, ayant fait
naître quelques difficultés.

Fin du premier Volume.

ERRATA.

Faute essentielle à corriger à la page 76, du troisieme Numéro, huitième ligne de la tirade de Mad. Durut; *il est mort lui laissant 40 bonnes livres de rente*, lisez: *quarante bonnes mille livres.*

Errata du quatrieme Numéro.

Page 20, ligne 6 de la note, toutes ces affaires, *lisez* toutes ses affaires.
Même page, ligne 15 de la note, le lient, *lisez* le liant.
Page 31, ligne 23, heureuses, *supprimez* l's.
Page 32, ligne premiere, la cher, *lisez* lâcher.
Même page, ligne 17, tache, *lisez* tâche.
Page 39, ligne 14 de la note *b*, minucieux, *lisez* minucieuse.
Page 40, ligne 17, rassurée, *lisez* rassuré.
Page 43, ligne 2, après bravoure galante: deux points & *lisez* ils accourent.

www.ingramcontent.com/pod-product-compliance
Lightning Source LLC
LaVergne TN
LVHW020941090426
835512LV00009B/1667